もっと知りたい

パリの収納

監修

整理収納コンサルタント

本多さおり

おしゃれなインテリア雑誌などで
紹介されるパリの素敵なお宅。
カラーを多用しながらも
部屋全体のトーンはまとまっていたり、
何気なく置かれた小物が
ポイントになっていたり、
照明の使い方が秀逸であったり……。
インテリアのセンスを学ぶには、
多くのヒントが見つかります。
けれども今回の取材では、
さらに欲張って「収納の中まで見せてください！」と
9人のパリジェンヌ&パリジャンのお宅へ
お邪魔してきました。

「どうぞどこでも開けて見てくださいね」と
皆さん快く家の中を
見せてくださいました。
そして感じたのは、
インテリア同様に収納の仕方や
モノの持ち方にも、
それぞれに個性があること。
家の間取りや家族の人数、
暮らしで優先したい事柄に合わせて、
収納にもオリジナリティを
発見することができました。

私も愛用する「無印良品」や「ＩＫＥＡ」の
収納用品や生活雑貨を活用している場面も多く見られ、
親近感が湧きました。
反対に、日本では見たことがないけれど
「フランスではよくみかけるアイテムですよ」
というグッズもあり新鮮な驚きも。

巻末には、2Kの小さな空間ながらも日々変化を続ける本多家の様子もご紹介しています。個性ある9人（+本多家）のお宅の訪問記、楽しんでいただけたら幸いです。

もくじ

Sucre
Café
Farine
The

"LES GAVOTTES"
LA GAVOTTE BRETONNE
QUIMPER

BETISES DE CAMBRAI
AFCHAIN SEUL INVENTEUR

Case_01

今すぐ真似できる！かごや保存瓶使いのセンスが魅力的なお部屋

シルヴィ・ルマウトさん | Sylvie Le Maoût

シルヴィさんのお宅は温かみのある木の家具や観葉植物が多く、ホッと癒やされる空間。将来は自分の作ったお菓子を提供するカフェをオープンしたいというだけあり、毎日通いたくなる居心地のよさがありました。シンプルなスペースだけど、ひとつひとつのインテリアアイテムはどれも表情豊かなものばかり。それらは期間限定のポップアップショップや見本市で出会った一期一会の品だそうです。

そんな審美眼をお持ちのシルヴィさんは、家の中にいるときには視界に好きなモノだけを見えるようにしておきたいそう。例えば、パッケージデザインが好きでないものは、揃いの保存瓶に中身を入れ替えて統一性を生み出し、家のインテリアと同化させるといったふうに。

木製玩具のメーカーに勤務しているだけあり、素材にもこだわりがあります。できるだけプ

ラスチック製のものは置かないようにしているのだそう。こんな小さなこだわりの積み重ねが、この気持ちのよい空間を作り出しているのだと思います。食器、キッチンツール、家具など、シンプルな「無印良品」グッズもたくさん発見して、〝無印オタク〟の私としては、とても親近感がわきました。

Sylvie Le Maoût シルヴィ・ルマウトさん

年齢／職業 35歳／会社員

住居 アパルトマン4階、賃貸

間取り／広さ 1LDK／60㎡

家族構成 2人（シルヴィさん、彼）＋猫1匹

居住年数 5年

ドイツの木製おもちゃメーカー「HEIMESS《ハイメス》」のフランス支部を任されている。彼と愛猫のシャシャ（フランス語で「Chat（シャ）」は猫という意味）と暮らしている。お菓子作りが大好きで、パティシエの国家資格も取得している。

Kitchen
キッチン

目にうるさいパッケージは徹底排除保存瓶、かごを活用した心地良いキッチンスペース

収納を考えるうえで、シルヴィさんがとにかく徹底しているのは「目に見えるところには、好きなモノだけを置くこと」。

キッチンはそんな彼女のこだわりが実現された場所。コレクションしている陶器や布類はディスプレイするように収納。厳選した食材はマルシェやBIOスーパーで量り売りで購入するため紙袋に入れられるけれど、家に帰ったらすぐに透明容器やかごに移し替えるそう。そうすることで、文字やイラストの氾濫を抑えて見た目がスッキリするだけでなく、ストックが確認しやすくなります。

リビングへと続くキッチンの扉にレシピがたくさん貼りつけてありました。ブックにして整理すると作る機会を逃してしまいがちだけど、目に見えるところに貼っておけば、作りたくなりレパートリーが増えそう。

ぴったり！

①有機小麦粉、ベーキングパウダー、チョコレートなど、お菓子作りの材料をピタリと収納。棚の高さが無駄なく活用されています。

低

↑

使用頻度

↓

高

②棚ごとに瓶、グラス、ウッドと素材別に分けているため、扉を開けても整って見える。最上段には使用頻度の低いケーキ用カップなどを。

奥まで見渡せる！

③ティーバックやポットなど、お茶関係の品が集約されたコーナー。奥には背の高い箱を、手前には低いモノを置くことで、しっかり見渡せます。BIO（有機農法）の紅茶を好んで飲んでいるそう。

④日本の住宅ではそれほど多くない手前に引き出せるタイプの回転棚。奥にしまってあると使用頻度が減りそうだけど、この棚を設置すれば、すぐに取り出せて便利。

透明のガラス瓶に無造作に入れられたティーバック。購入後はすぐに移し替え。

立てて入れれば取り出しやすい

⑤パッケージデザインがあまり好きではないスパイスの小瓶は、木のトレーにまとめて入れ、棚と床の隙間に隠すように収納。こんなスペースまで無駄なく活用。

取り出しやすさを重要視するなら立てて収納

すぐに使うキッチンツール類は、容器に立てて収納。ガラス、金属、木と素材が統一されているから、モノがたくさん置かれていても目にうるさく映りません。視野に入る色が数種類に限られているのもスッキリ見せるポイント。

コンパクトな空間を上手に活用

キャニスターに入れ替えて

乾物を入れる容器は、同一のキャニスターで統一しているから整頓されて見えます。いくつかタワーにすることで、狭さを克服。「Le《ル》 Parfait《パルフェ》」というメーカーの容器で揃えていました。戸棚上段にストックしていた有機小麦粉やアーモンドパウダー、豆類などの適量を詰め替えて。

日常使いのお皿やカトラリー類が集合した冷蔵庫上のスペース。カトラリーは素材で分類するだけで整った印象に。日常的に使用するので、ほこりはたまらず取り出しやすい。

黒のアイアンと木の板がブランコのような形のシンプルな収納棚は、サンマルタン運河沿いのポップアップショップで出会ったものだとか。シルヴィさんは北欧の家具がお好き。

ゴミ箱は異素材のものを2つ重ねて使用しているけれど、サイズ感がほぼ同じなので違和感なし。狭いキッチンならではの工夫。下の白いプラスチック製は生ゴミ用。

天然素材のかごバッグをゴミ箱に。こちらにはリサイクルできる紙類を。軽いので床に下ろすのもらくらく。バッグ型なのでそのまま持ち運びできます。

ナイフ、フォーク、スプーンがお行儀よく並べられたカトラリーゾーン。木箱の中をよく覗くと、ナイフは刃と柄の部分が交互に収められ、フォークは同じ方向に揃えられています。

小さな鍋は大きさ順に美しく重ねて収納。小さいお鍋は2人暮らしだと頻繁に使うそう。お気に入りの器でも、たまにしか使わない大きい器は引き出しの中にしまって。

ひと目で何が入っているか見えるように収納。よく使うものほど上に、そして、手前に置くようにしています。真ん中に置かれた金属製のチーズおろし器はフランス家庭に欠かせないアイテム。

料理やお菓子作りが大好きなシルヴィさんにとって、このキッチンは理想的なスペース。リビングからも見えるこのコーナーには、彼女の好きな食器がディスプレイされながら置かれていました。職人による一点ものの器を中心に、日本の「無印良品」、「セラミック・ジャパン」の“モデラートシリーズ”、フランスの「Atelier《アトリエ》 Halo《アロ》」などお気に入りのブランドのモノも。下段ほど使用頻度は高いとのこと。

出番の多いトレー類をまとめたかご。トレーの上にモノを置いて整理することも多いそうで、小さなモノから大きなモノまで揃っています。

大好きな布類は引き出しにしまいこまずかごに収納。

窓の取っ手にかけられたかごはフリーマーケットで見つけた小さな女の子用のモノ。小さめのテーブルクロスを入れ、毎日かごをのぞいては、その日に使うものを楽しく選んでいるそうです。

下左のコットン布つきのかごは10年前にパリの日本雑貨屋さんで見つけたもの。愛猫の玩具が隠されています。

下右のかごは「Fleux《フルックス》」という雑貨のセレクトショップで購入。ポプラの木でできたお気に入りの品で、食器拭きをしまっています。

ゴミ箱で使うスーパー袋は見た目が好きでないので、きちんと畳んで布バックの中に。

ワイヤーかごに無造作に入れられたフルーツ。実用的でありながら、キッチンにみずみずしさを与え、まるでオブジェのよう。

Living room
リビング

枝を伸ばしたグリーンやヌーディな色味のソファが優しい印象を与え、部屋に安らぎをもたらしていました。ソファ前のローテーブルは「無印良品」のもの。グリーンはテグスで釣って、天井に這わせていました。

グリーン、木製家具、暖炉……自分にとって心地いいものを知りつくしてできた空間

日本のモノがお好きというシルヴィさん。理由を尋ねると、「繊細な感覚、モノを大事にする精神、ヌードな色使い……」など嬉しそうに答えてくださいました。なるほど日本人の私にとってここがとても居心地よく感じるのは、彼女のセンスに馴染みがあるからなのでしょう。

取り入れやすい フルーツのディスプレイ

テーブルに置かれたフルーツや野菜。ピンクがかった美しい色の洋なしはまるで絵画のよう。ガラスのコップに1本緑の葉を活けるだけで、生命力あふれるディスプレイができあがります。奥に小さなカボチャが飾られているのもシルヴィさんならでは。

なんだか絵になる…

この大理石の暖炉と大きな鏡に一目ぼれして、このアパルトマンを賃貸契約したそう。大きな鏡は部屋を広くみせるだけでなく、気持ちも明るく開放的にしてくれるとか。

棚の高さに収まる本は縦に立てて並べ、立てられないものはサイズごと仕分けし、横積みにしていました。地震の多い日本では、固定されていない本棚は少々心配になるけれど、パリでは大きな地震がないので、倒れる心配はほとんどないようです。

引き出しの中にはインナーや靴下、ファブリック類が1段ごとに美しく収められていました。衣類を収納する家具をなぜリビングに？と疑問に思い、聞いてみると、「この家具はこの場所に置くのがピッタリだと思って」というお答え。シルヴィさんの中では、生活動線よりもインテリアの優先順位が高いよう。

上段にはベルトやネクタイが。ベルトはひとつずつ丸めて収納。ひと目で何が入っているかわかるよう、縦に積まず、贅沢にスペースを使っている。

下段には靴下やストッキングがぎゅぎゅっと詰まっています。ストッキングは丸く結んで棚の半分を占める。靴下は小さく畳み、2列に整頓。

Passageway
廊下

玄関すぐ横には趣のある電気メーターが。鉄の金具には、映画やコンサートのチケットを挟んで忘れないように。

赤いワイヤーのシューズラックにかけられた、普段使いの靴たち。靴箱がないお宅におススメの収納方法です。

パリ10区のブティック「サントル・コメルシアル」で購入した50〜60年代のラック。一段ごとに棚板の色が異なる。

廊下の壁面にはオブジェのような丸い木がついたフックが3つ並んでいました。見た目も可愛いうえに、バッグをかけるのに安定感もある。こちらも「Fleux'《フルックス》」で購入し、自分で取りつけたそう。

目の高さに合わせて
よく使う洋服を収納

廊下つきあたりのクローゼットには、主にシルヴィさんの洋服が。手が届きにくい最上段にはオフシーズンの服がしまわれ、目の高さにはよく着るトップスが。セーターとカーディガン、薄手のトップス、パンツとスカートと、種類ごとに積まれています。クローゼットの上には、10年以上前の日本の女性誌が並べられていました。

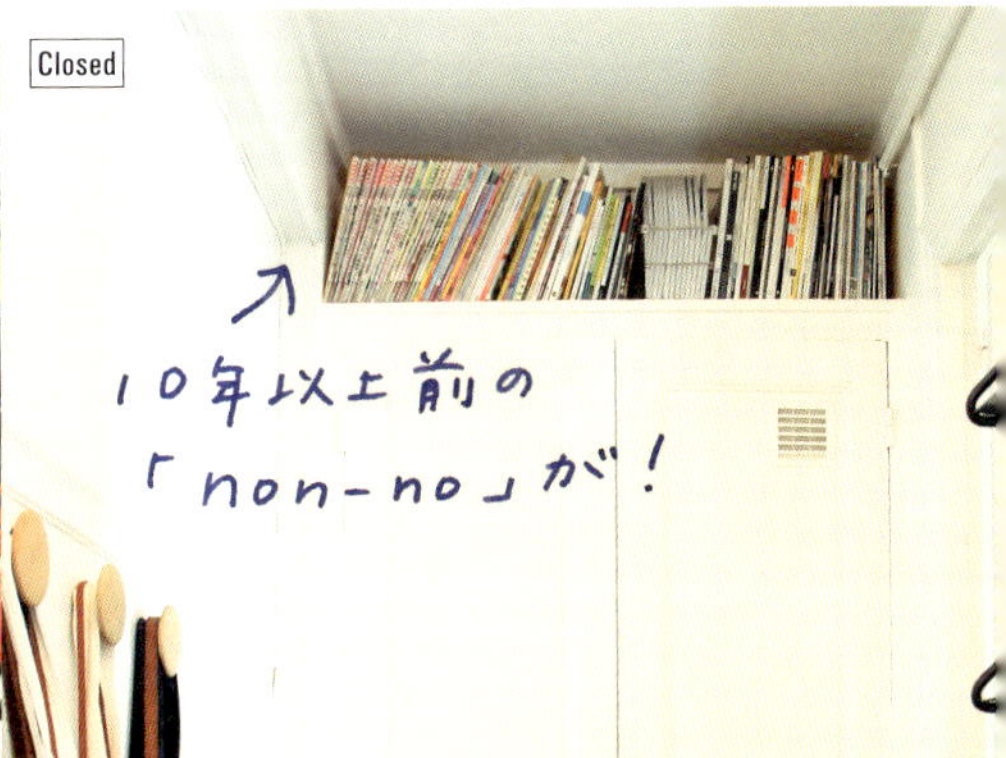

Bedroom

ベッドルーム

寛いで過ごしたい寝室には、モノをたくさん置かない主義。床や壁の見える面積が広いから、とても気持ちがよい印象。

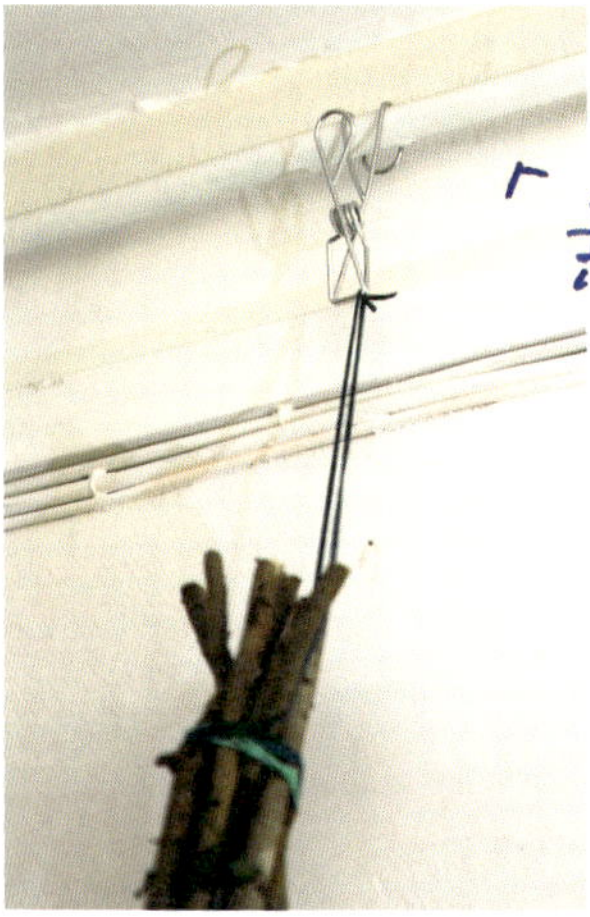

「無印良品」発見！

「無印良品」で購入したフックつきのクリップを利用して、ドライフラワーをかけています。好きな空間作りに「無印良品」のグッズは大活躍しているそう。

自然豊かな土地で育ったというシルヴィさん。寝室にもグリーンは欠かさない。リビングと同じく、大理石の暖炉と大きな鏡があり、落ち着いた空間を作り出しています。

来客用の寝具は中身が見える鉄のラックに。収納が少ないため、見せる収納を思いついたとか。ちなみに、このラックはホテル裏で捨てられていたものを拾ってきたのだそう。

ただ重ねただけのハットも、オブジェのようで可愛らしい。鏡の前に置いているので、朝、出かける前に選びやすい。日常的にハットを使う人の実用性の高い収納方法。

木製のタンスには、丁寧にアイロンのかけられたベッドリネンが。大きさの順に積み上げられているけれど、棚いっぱいに入っていないので、スッキリした印象に。彼の洋服はきれいに畳まれ、下段に収納されています。

Bathroom
バスルーム

①「落としたら割れるから」とプラスチック容器を使ってしまいそうな場所だけれど、小物は陶器にまとめて。チープっぽさがなく、ディスプレイのよう。

②恐竜のオブジェをブレスレット置きにしてしまう遊び心が楽しい。下あごにピアスをかけることもできるのだそう。玩具屋でみつけたお気に入り。

③コスメやスキンケア類はパッケージが落ち着いた同系色でまとまっているから、とても大人っぽい雰囲気。彼とシェアして使っているアイテムもある。

⑤歯ブラシ入れとして売られている陶器の容器には、バスまわりで使う掃除用品が隠されていました。気づいた時にすぐにお手入れできるので便利。古い歯ブラシは掃除用ブラシとしてリサイクル。

シャンプーとボディーソープは彼と共同で使用することで、一人分の収納スペースで済む。壁にかけた鏡はわずかに傾斜させ、背が低めのシルヴィさんが使いやすいように工夫。

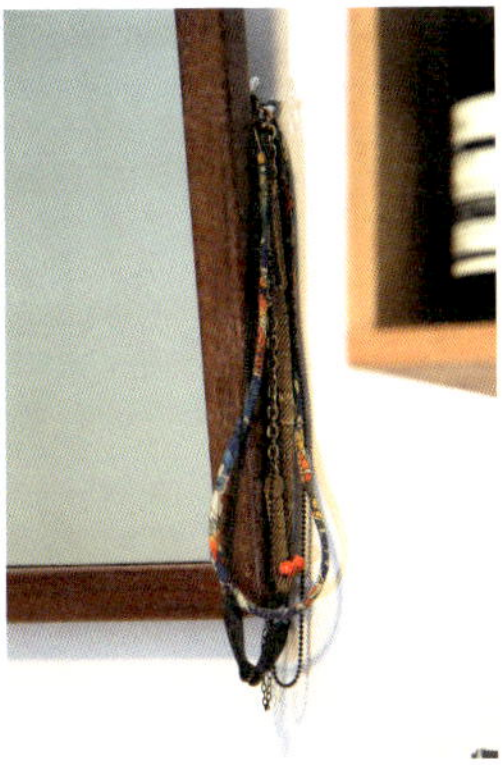

④鏡の横にはさりげなくフックをつけてネックレスを。鏡を見ながら選べるちょうどよいポジション。

こちらの棚は道端に捨てられていたものを持って帰ってきたのだとか。ドアの開閉を妨げないちょうどよい薄さ。お風呂・洗面台まわりで必要なものがすべて収納できます。

「Habitat《アビタ》」の丸いかごにはアメニティグッズをざっくりと収納。学生時代に購入したそう。「昔から趣味が変わっていないの」と笑顔のシルヴィさん。

Case_02

まるで「巣」のような パリのミニマリストのお部屋

ティエリー・グラポットさん ｜ Thierry Grapotte

自作の模型。内装設計はすべてティエリーさんによるもの。

たった15㎡のワンルームに機能的かつ心地よく生活しているティエリーさん。木目の家具で統一されて、生活必需品はきちんと棚の中に整理され、ミニマルな空間に仕上がっています。何もないお部屋はどこか冷たい印象になりがちですが、ここはなんだかとても居心地がよい。キノコや鳥の置物など、大切そうに所々に置かれたオブジェからティエリーさんの温かい人柄が伝わってくるからかもしれません。

　前に住んでいたところよりも狭い今の部屋に引っ越す際、持ち物が入りきらないので「どれだけ多くのものを上手にしまえるか」ではなく「いかにして快適に住まうか」という点を重視。生活に必要なモノ、旅先でみつけた思い出のモノなどは残し、あとは徹底的に処分。そうすれば愛着のある最小限のモノだけに囲まれて、家の中で視界

Room of the minimalist.

Thierry Grapotte ティエリー・グラポットさん

年齢／職業 50歳／舞台関係

住居 アパルトマン3階、持ち家

間取り／広さ ワンルーム／15㎡

家族構成 ひとり

居住年数 1年

演劇、バレエを中心に舞台関係の衣装、小道具を担当。昨年末に現在のアパルトマンを購入し、自ら模型図を作りながらおうちを改装。整理整頓は毎日、床拭きをはじめとする掃除は週に3回、1時間以上かけて丁寧にするそう。

に入ってくる風景が愛おしいものになったそう。たくさんものを所有することではなく、自分が快適だと感じる空間と時間に豊かさを見出すライフスタイルに、私自身も大いに刺激され、帰国したらもっと持ち物を減らして、視界に入ってくる風景をさらに愛おしいものにしたいと感じました。

Living and workroom

仕事場兼リビング

①造形収納の右部分には服、タオル、シーツなど生活用品を、左部分には仕事道具を収納。手の届きにくい一番上の棚には、リネン類や、使用頻度の高くない仕事道具が。

持ち物は この棚に 入る分だけ

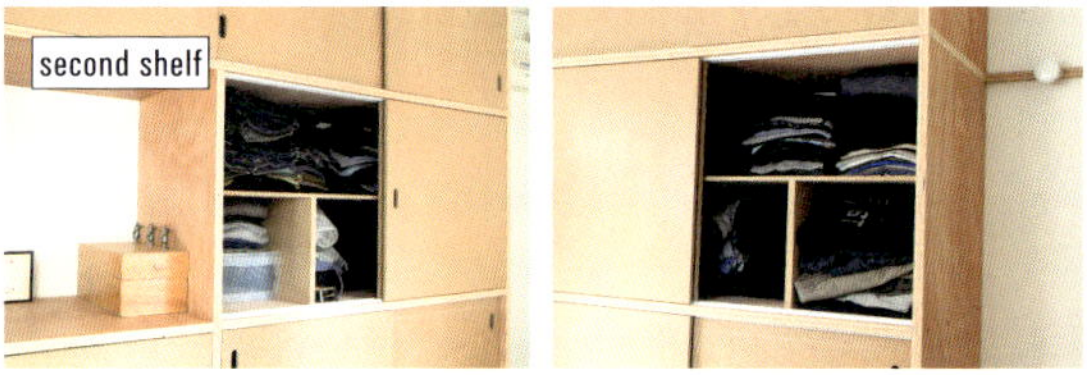

②洋服はもっとも断捨離したモノのひとつとのこと。同じような色、形のものは処分して、結果1/3近くを整理。自分の持ち物が把握できるようになったため、服を買うときも同じような服でダブらないようによく検討できるようになったそう。

④「置くだけでオフィスみたいな雰囲気になるから、プリンターは隠したかった」ということから、扉の中に収納。デスク横の使いやすい位置にぴったり収まっています。

③収納の奥行・高さ共に、ハンガーにかけたジャケットやシャツと同じで全く無駄がありません。システマティックなクローゼットに感動!

⑤国立図書館で働いていたときに手に入れた書類入れボックスには、模型などの壊れやすいものが。中はざっくりしまっておけるのが箱収納のよいところ。「Found MUJI」で同じようなものを見かけたことがあります。

ティエリーさんの持ち物の半分以上が収められている、DIYの収納棚。廃材を組んだ素材は、価格も手頃で、木目とも合うということから扉に使用。設計段階ですでにどこに何を入れるのか明確だったため、ジャケットなど棚と同じ高さ、幅のものが無駄なく収められています。テーブルは入れ子式になる仕掛けで、縦横位置を変えて、シチュエーションに応じて使い分けを。使用しないときは棚に収納できるDIYならではの魅力。

Kitchen
キッチン

狭いキッチンの長所を最大限に活かした、動線・収納効率のよさ

一直線上にシンク、作業台、冷蔵庫、収納、洗濯機まで並んでいて、家事動線的にはとても合理的なキッチン。斜め屋根の窓からちょうど光が差し込み、手元を明るくしてくれる様子もよい。

シンク下収納は隙間をつくって、奥まで見通せるように

ひとり暮らしの男性のキッチンらしい、男前なざっくり収納。鍋、ザル、コーヒーメーカーなど一通りの調理器具がここに収められていますが、ぎっしり詰まっていないので奥まで何が入っているのかわかります。

奥まで見渡せる!

ミニマルなキッチンにふさわしい、扉裏収納

「扉裏収納」は狭い住宅に住む日本人独特の手法かと思いきや、フランスでもこんな使い方をされていると知り、親近感を覚えたポイント。スペースに限りがあるキッチンで、邪魔になりがちなゴミ箱を置かずにフックに吊るしたポリ袋で代用していました。かわいいデザインの袋は近所のオーガニックスーパーのもの。土に還る天然素材。

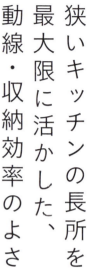

パリでもやっぱり！
キッチンの隙間には「無印良品」のストッカー

洗濯機横のちょっとした隙間に合わせて「無印良品」のストッカーを設置。中には缶詰、コーヒー、味噌汁など食材のストックが。買い置きはあまりしないのがすっきり暮らすポイントだそう。

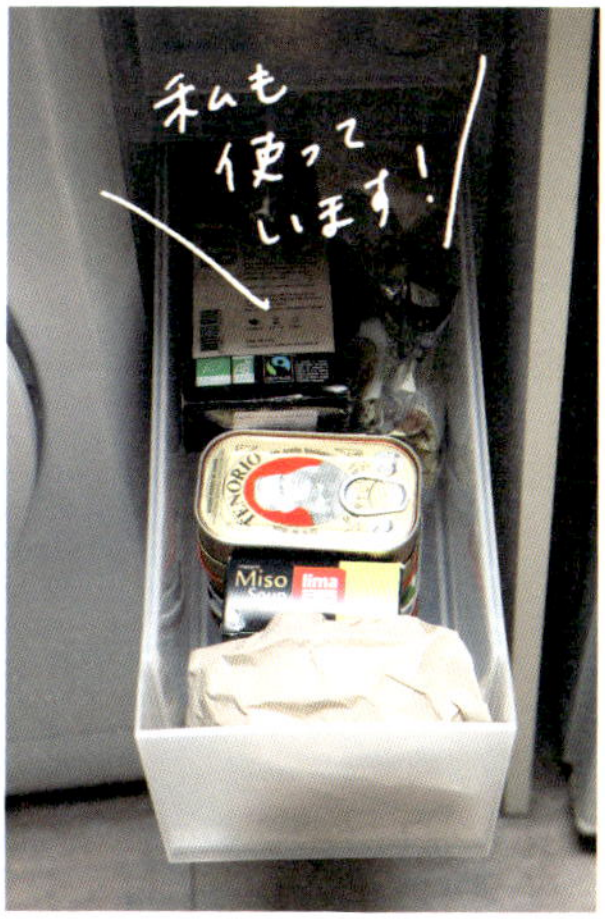

視界に入りにくくはあるけれど、収納するには難しいキッチン奥の変形スペース。掃除機やスーツケースなどの大物をパズルのようにしまっていて、さすがティエリーさん。左下の黒い袋はワインを運ぶためのバッグ。空になった瓶やペットボトル入れとして使用。

こちらの棚には、食器・カトラリー類一式が。一番上の引き出しには、料理しながらでも立ったまま使えるようにと、カトラリー類と調理器具を。2段目には一番よく使うという理由からコップ類を。余ったスペースにふきんを入れています。3段目、4段目は使用頻度に応じてお皿を整理。使いにくい一番下はスーパーの袋類、雑多なものを収納。

シンク脇で乾かしていた食器を、くるっと後ろを振り返るだけで食器棚に収納していたティエリーさん。飛行機のコックピットのような動線を意識して、最少限の動作で、素早く効率よく家事が進むように考えられているのだそう。

ミニマルな空間から感じられる、地に足のついた暮らし

Bathroom

バスルーム

キッチン横の小さなバスルームには、小さな洗面台と小さな棚が。おままごとのような可愛さがありながら、細部に注目すると、機能面もしっかり充実。手に届きやすい高さにはアメニティーを置ける「HABITAT《アビタ》」のキューブの棚、洗面台下にはお掃除道具が集結。便器の横のちょっとした隙間には、「無印良品」のストッカーを置いて小物を収納。シャワースペースの天井付近にはバーも設置されていて、使ったタオルなどが干せるように。狭い中でも便利グッズを駆使して機能的にきちんと暮らす、そんな様子に人が生活する温もりを感じます。

Bedroom
ベッドルーム

天井の傾斜があって家具が置けないベッドまわりは、造作のシンプルな棚が。大好きな本の高さを自分で測り、それに合わせて設計されたのだとか。大判サイズの本は横に寝かせて。本たちもインテリアの一部のよう。

キッチンカウンターの裏側に造られた棚は、モノを置きやすい高さにありながらも日用品などは収納せず、オブジェがポツポツと。収納スペースをこんなにも贅沢に飾り棚として機能させてしまうことに驚き。「ベッドからちょうどよく見える位置で、四六時中モノが見えると目にうるさいから」という回答になるほど。ホームセンターなどでパーツを買い、自作したという照明家具が、慎ましい佇まいながらもティエリーさんらしいオリジナリティを感じる愛らしいコーナーです。

Entrance

エントランス

玄関近くのちょっとしたコーナーにバッグなどをかけておけるフックが。造作家具の端材とホームセンターで買ってきたパーツを組み合わせて作ったというオリジナルです。袋の中身は来客用ハンガー。

「IKEA」で購入した収納ケース。木目と釘を使わない構造が気に入ったそう。中には書類や舞台関係の仕事で使う模型類が入っています。

パリの収納マニア！
すべてが計算された キュートな ロフトスタイル

イザベル・ボワノさん｜Isabelle Boinot

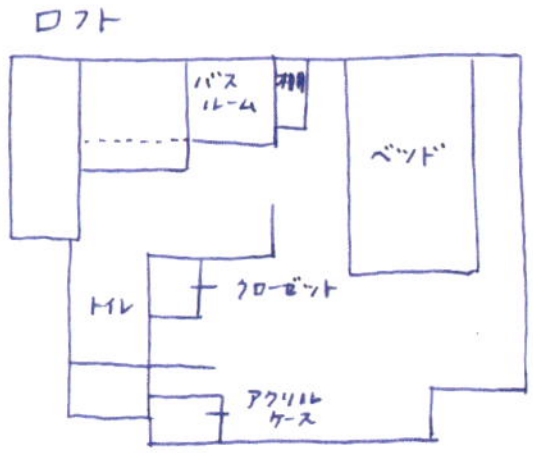

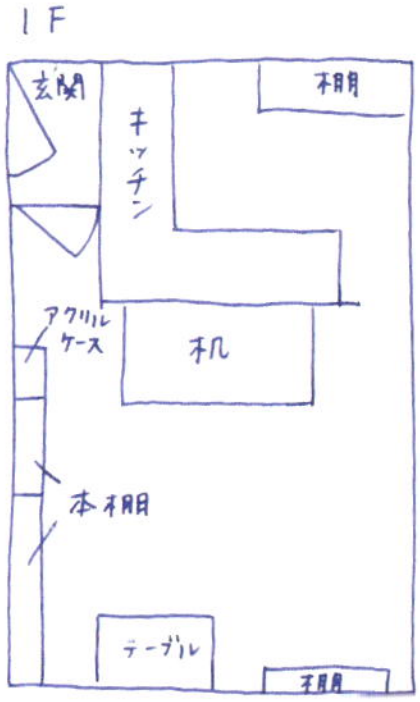

日本でも活躍するイラストレーターのイザベルさんのお宅は、カラフルなイラストに囲まれどこも絵になる可愛らしさ！　細々とモノが多くても、それらがしっかりカテゴライズされて箱に収められ、すべての置き場所が一目瞭然。お父様の手によるDIYの棚にピッタリとはまって、隙なくキチンと整頓されているのがお見事です。

「片付けは私にとってセラピーのようなもの。リラックス作用があるの」とイザベルさん。ひとつひとつのモノのしまわれ方にかけられた手間暇を感じます。

お話を伺っているとお互いにいろいろと共通点があることが判明。

実家が散らかっていたことがストレスで、いつも自分の周りは整えていたり、子供の頃から箱やポーチなどの入れ物が好きでせっせと集めては並べて眺めていたり。考えをまとめて頭の整理をするために、メモとリスト作りが欠かせないところまで…。

イラストレーターという職業柄、在宅で仕事をする時間が長いことから、「頭を整理するためにも整頓は必須です。たくさんのモノが身の周りに散在していると、頭の中まで散らかってしまうから」という意見にも深く共感しました。

Isabelle Boinot　イザベル・ボワノさん

年齢／職業　39歳／イラストレーター

住居　アパルトマン2階、賃貸

間取り／広さ　ワンルーム＋ロフト／25㎡

家族構成　ひとり

居住年数　5年

アートスクールを卒業後、イラストレーターとして日仏で活動。「ロミ・ユニ コンフィチュール」のショッパーのイラストを手掛ける。著書に『パリジェンヌの楽しいおかたづけ』（主婦の友社）など。http://i.boinot.free.fr/

本や細々した雑貨、仕事道具などが収められている一角。本は手前に背を揃えて収納することで、凹凸がなくなりすっきりした印象に。

Living room

リビング

きちんと住所をつけて中身すべてを把握する

「とにかく箱が大好き！」というイザベルさん。作品作りのインスピレーション源になるシールやマッチ箱など、自身のコレクションアイテムは箱に収納。なかには日本の鳩サブレーの缶ケースも。

これだけあっても、中身はきちんとカテゴライズされているから、「この中には何が？」と尋ねても、すべて答えられるのがさすが。

箱の中にしまい込んで隠す、というのではなく、目的をもってしまわれているからこそ、積まれた箱たちからは秩序がにじみ出ているように感じられます。

使用頻度がそれほど高くないものであれば、わざわざ収納家具を買うのではなく、こんなふうに身近にある箱を活用するのもよい、という好例。

①「無印良品」のボックスにはご自身のイラストなどを収納。きちんとラベリングされている。

②「無印良品」の書類ケースには、レシピやフリーペーパーなどのスクラップを。ほこりよけに布をかけて。

③スタンプ、ソーインググッズなどを収めている、子ども服を入れるためのボックス。「ボン・ポワン」など、子ども用品店で入手。

本棚上には、お気に入りのカップや陶器の置物を入れた扉付きの棚が。月に一度はチェックするという蚤の市で出会った、40年代の陶器の箱やカップなど愛らしい小物たちを集めたコーナー。

10年選手のアクリルケース

10年以上前に「無印良品」で購入したというアクリルケースには、細かな文房具を分類して。マスキングテープ、スタンプ、封筒…という具合に、カテゴライズして収納されていました。透明なので、中身をパッと判断しやすいのもよい。

壁面収納用具で見せる収納を

リビングの壁面に「IKEA」で購入した幅7cmほどの棚を取りつけて、好きな絵本や自分のイラストを飾っていました。脚付きの家具を設置するのではなく、空間に棚を作ることで、圧迫感を感じさせない工夫が。「IKEA」や「無印良品」などでさまざまなタイプの棚が手に入ります。

イザベルさんのお宅では、お父様が手作りされた家具が随所で活躍。「変わった木目の表情が好き」という白い取っ手の小さな収納家具もそのひとつ。取っ手には手作りの編み物のチャームやリボンが。

本は手前に揃える!

壁面収納のピンクの箱の中身。巾着袋や刺繍など、手芸もお得意なイザベルさんは、手芸グッズにもこだわりが。デッドストックの糸、テープは蚤の市で。

本棚の上に積まれた箱の中のひとつ。日本で購入した60年代のお菓子のパッケージ、ピースのタバコのケースなどお気に入りのデザインのものを収納。

日本に行く度にマッチ箱を見つけては購入するほど。マッチ箱が大好きというイザベルさん。箱に隙間なくマッチが収められるのも好きなポイント。

Workspace
仕事場

キッチン手前にはアンティークの机とPCを置いて、仕事場に。イザベルさんの素敵なイラストはここで誕生します。窓の外を見ながら、気分よく仕事ができるので、この位置がベストだそう。

イラストを描くときに使うペンたちは、フランスのヴィンテージ紙コップや、ロンドンのカフェで使われていた紙コップなどに立てて。

実は捨てられていたものだったという4段の引き出しは、手入れをされた後に、現在はイザベルさんの仕事机の下で活躍中。四角い中に四角いモノが隙間なくぴったり収まっている様子が、見ていて心地よい。右端の赤いノートは、イザベルさんが日々つけている日記だそう。

キッチンに立つ姿も様になるイザベルさん。お料理好きが高じて自身のイラストを満載したレシピ本も出版しました。

Entrance and Kitchen

エントランスとキッチン

お気に入りのマスコット類

カバンはひったくり防止のためにもショルダーバッグがメイン。色違いで5つに厳選。玄関へ続くドアに、フレンチ雑貨チェーン「Habita《アビタ》」で購入した、ひっかけるタイプのフックに吊るされていました。好きなモノこそ、気分で選べるようこんな一目瞭然な収納方法がよいと思う。

Kitchen
キッチン

フランスの食品メーカー「ボンヌママン」のジャムの空き瓶を多用。味もよいし、チェック柄の蓋も気に入って、昔から愛用しているそう。瓶の高さはきちんと揃えて。

カトラリーは木製とステンレス製に分けて、グラスに立てて収納。グラス類はスタッキング可能なものをセレクト。この食器棚を設計する際に、これらのサイズも測って計画したそう。

よく使うモノだから、しまいこまずに

壁にとりつけた白い棚も、イザベルさんが寸法やデザインを起こし、その通りにお父様が作ってくれたもの。出来上がったときは奥行が今の倍あったけれど、「もっと浅いほうが使いやすい」ということで、なんと真ん中でふたつに割ったのだとか！ ご実家にはそのもう一方の棚があるそう。おかげでグラスやカップ、キャニスターを置くのに奥行がちょうどいい棚になりました。小さいお皿などを、細々と置いています。日本で購入した茶筒もお気に入り。よく見ると日本の健康ドリンクが！「ファイブミニ」「オロナミンC」はパッケージが好みだそう。

すっと取り出せるくらいが丁度いい

こちらの家具もイザベルさんのお父様作。「食器が前後して、奥のものが取りづらいので、もう少し奥行が浅いほうがよかった」と改善点もあり。目隠しにしている可愛らしいクロスは、イザベルさんがご自分で刺繍を施し、中には大きいお皿や、鍋などを収納しています。

②引き出しには普段使いのカトラリーを収納。仕切りに使っているのは、ケーキやクッキーの製菓用の型。

③「祖母の家にあったカップを思い出して、思わず衝動買いした」というブルーの花柄のティーカップは重ねて収納。ブルーの柄のカップやお皿は、他の食器と組み合わやすいので使用頻度が高い。ツバメ柄のカップは、脚つきのお皿の下に円を描いて収納。

①レモンや玉ねぎなどの食材はお皿にのせて。まるで絵画のような美しさ。パリでも認知度を上げている日本の亀の子たわしは、野菜や果物を水洗いするときに使うそう。たわしの定位置としては一瞬不思議に感じたけれど、理由を聞くと、なるほど！

なぜかキッチンには人形たちが。こんな愛嬌のある演出もエスプリが利いたイザベルさんならでは。

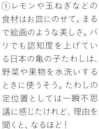

「IKEA」のハンギングラックは、キッチンタオルの収納場所に。私もキッチンで、鍋蓋の収納に使っていました！ 頻繁に使う穴じゃくしやヘラ、お玉などもぶら下げて収納しているから、いつでもさっと手に取れて使いやすい。

ゴミ箱から水切り台まで無駄なく置かれているキッチン。よく使うオイル類はすぐ使えるように、コンロの横に。

イザベルさんお手製の巾着袋。中にはビニール袋を入れている。ゴミ袋として使ったり、雨の日の鞄の雨よけなどにも活用。

「家で仕事をする人は、美味しいお茶がなくちゃ！」ということで、ハーブティーを中心にお茶のコレクションが。「クリッパーズ」のオーガニックのお茶をセレクト。ダージリン、ミントティー、ベリー系など、気分によって楽しめるようにいろいろなフレーバーを揃えて。パッケージの可愛らしさもお気に入り。

空き瓶はジャムを手作りしたときなどのおすそ分け用にも使うので、いくつかストックしている。「無印良品」のラタンの収納かごに入れて、ほこりよけに布をかけて置いてありました。

Bedroom
ベッドルーム

ロフト部分にあるベッドコーナーは、天井がそう高くないということから、畳を敷き、その上にマットレスをのせてベッドに。畳愛用者はフランスで急増中ということで、近くのインテリアショップで購入。ベッドサイドには木製のチェアを1脚。読書用のランプや、寝る前に読む本を置いています。

手作りとは思えないほど完成度の高いこちらの引き出しもお父様作。イザベルさん一番のお気に入りだとか。外から見ると細かく分かれているように見える引き出しは、開けてみると実はつながっているものも。中にはダイアリーやお手製のポーチを。

Closet
クローゼット

もともとは横についていたハンガーかけ用のバーを、縦に取りつけ直し、残りのスペースにはセーター類をしまうクローゼットを設置。上に余ったわずかなスペースにもかごを置いて十二分に活用していました。

シャツなどシワになりやすいモノ、コート、ジャケットはハンガーにかけて。

収納がない家でも取り入れられる簡易クローゼット

斜め天井下のいびつな空間にもバーを設置してシャツ類などの洋服を。バーの端には大きさを揃えた布を貼って、デコレーション。

来客用の座布団。使用頻度は低いので、クローゼットの上が定位置。

ロフト部分のへりには、ご自身のイラストの包装紙や、細々したものをかごに入れて保管。ほこりがたまらないようにと、ここにも布をかぶせて。

1段目はソックス、下着類を巾着袋に入れて、2段目はTシャツ類を。巾着はイザベルさんお手製で、旅行の際のパッキングにも大活躍だそう。3段目はセーター類を大きさを揃えて畳んで収納。下段の紙袋の中には、マフラーやストールなどその時期には出番のない季節の小物や、あまり着ない衣類を収めていました。

ロフト部分の端には「無印良品」のPPケースを縦に並べて置いて、Tシャツなど棚に入りきらなかった衣類、自分が手がけたイラストや作品を、その他のモノと分類して保管。ロフト上のこんなきわどいスペースを収納にあてられるのも、地震のないパリだからこそ。

Case_04

細かいアイデアが満載！ オーガナイズされたパリの5人家族の家

ララ・ギラオさん ─ Lara Guirao

ララさんにとって、収納とは一種の「遊び」。引き出しの小さなスペースに隙間なくモノを詰め込んでいく作業は、まるでパズルのよう。公園で拾った小枝をデコレーションの一部にしたり、素敵なオブジェを見つけて用途とは違う自分らしい使い方を考えるのが大好きだそう。

　部屋のあちこちに置かれたさまざまな表情のランプは、仕事で各地を巡った時に蚤の市やアンティークショップで購入したモノ。家のどこに置くか具体的にイメージしてから購入するので、数が増えてもお倉入りすることはないそう。モノを手放すコツ以前に、ひとつひとつのモノ選びに魂を注ぐことが、無駄買いをしない秘訣でもあるのだなと思いました。モノがきちんと分類されていたり、洋服が丁寧に畳まれていたり、ララさんがすべてのモノを大切にしていることが、収納のされ方からじんじんと感じられました。

棚に入るサイズの紙袋を収納ボックスとして活用。

靴箱の側面には、中身を記したラベルを貼って整理。

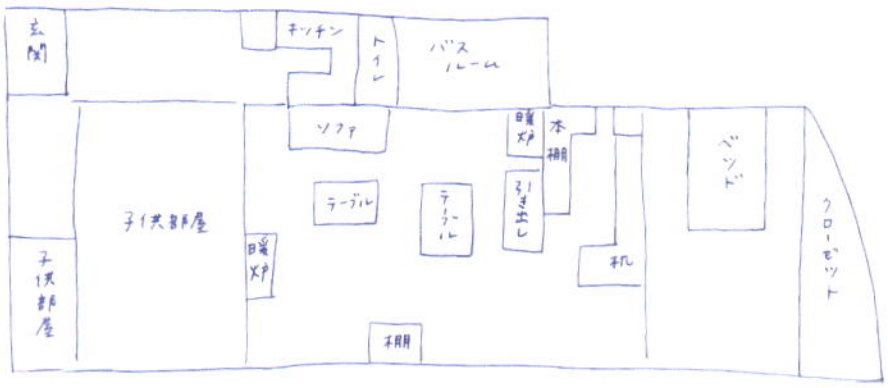

紙袋を↗
収納ボックス
代わりに
ハンガーは
木製で統一

Lara Guirao　ララ・ギラオさん

年齢／職業　47歳／女優、歌手

住居　アパルトマン5階、持ち家

間取り／広さ　[illegible]LDK／81㎡

家族構成　5人（ララさん、夫、長男17歳、次男8歳、長女5歳）

居住年数　4年

フランス・マルセイユ生まれの女優、歌手。数々の映画、テレビ番組、演劇に出演。2006年には歌手デビューも果たし、CD2枚を発売中。

すっきり整理されたクローゼットは、棚板とポールがバランスよく備えられ、何がどこに入っているか、一目瞭然。小物類は棚にぴったり入るサイズの紙袋を活用して、引き出しのように使っていました。

Study
書斎

3畳ほどのスペースに作られた書斎には、L字形の机が置かれ、壁面の書類や本にすぐに手が届きます。

麻のひも玉にまち針のように刺さったピンは、ララさんのお手製。大きめのボタンにU字ピンを押しただけのシンプルな作りで、すぐにでも真似できそう！ささっとお団子を作ってみせてくれました。

簡単ですよ！

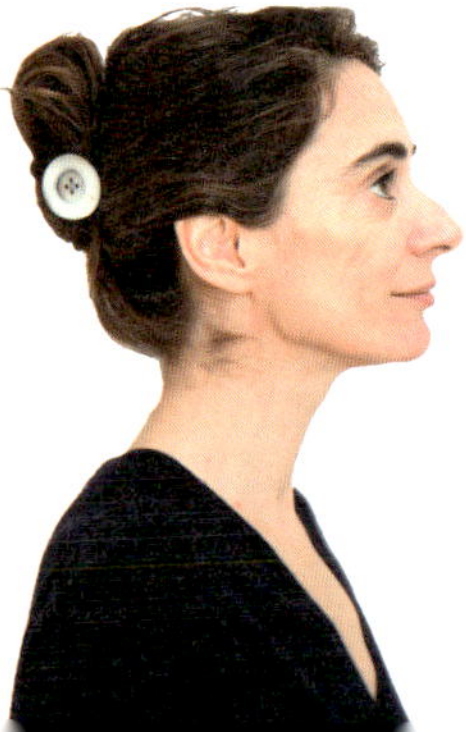

オーソドックスなボールペンの内部に、カラフルな布を巻き込んだララさん特製のペンたち。

「Merci《メルシー》」というセレクトショップの紙ゴミ用のダストボックス。部屋の基調である白とナチュラルな色のチョイスがインテリアと自然に溶け込ませるコツ。好きなショップバッグで取り入れられそうなアイデア。

壁面の本棚には、道で拾ったという小枝を本の隙間に挟んでアクセサリーかけに。さりげないおしゃれ。

お手紙を書くことが好きなララさん。レターセットは道で拾ったカードホルダーで壁に飾り、書くときに選びやすいようにディスプレイしながら収納。お気に入りは南仏の日本雑貨店で購入したという日本製のポストカード。

Kitchen
キッチン

出番、用途別に住所を決めれば、片づけの習慣が身に着く

ナチュラルな木の棚と淡い色のタイルが心地よいキッチンスペース。リビングとはガラス窓で区切られ、狭いながらも自然光が差し込む開放感ある空間に。オープンキッチンのような感覚で使えるけれど、においが漏れないのがグッドポイント！私たちの訪問中に出してくださったティーセットはささっと洗って定位置に片づけていました。「使ったものはすぐに元の場所へ戻す」という基本的な習慣が身についているからこそ、このきれいなキッチンがあるのでしょう。

①シンク上の吊り戸棚には、ワイングラスやゴブレット、ティーカップやポットなどを収納。下段ほど使用頻度の高いものをしまっています。

②こちらの下段には、結婚時に購入したティーカップ、デザート皿のセットがズラリ。日本のお宅では棚の奥で眠りがちだけれど、来客の多いララさん宅では頻繁に使うのだとか。

引き出しは浅い段と深い段が備えられ、使いやすそう。浅い段には日常的に使うナイフやラップ、クロスなどが。深い段には食品のストックがまとめられていました。すべて立てて詰めているので、たくさん収納でき、取り出しやすい。

扉を開けると、中には回転ラックが。奥の調理器具も手前に引き出せて取りやすい。「きれいに整っていないけれど、使いやすいの」と笑顔のララさん。

③最上段には、スプーン、フォーク、ナイフなど毎日使うカトラリー。子ども用も大人と同じシルバー、またはステンレスで揃えて。

④日常の食卓で使用する食器を収納。この段を選んだのは「子どもたちが自分で取れるように」という配慮から。

⑤最下段にはオリーブオイル、ヴィネガーなどやや重い液体類が。深さもあるため、使用頻度の低いグッズもしまわれています。

シンクの下には掃除用品がお行儀よくしまわれています。キッチン用、部屋の掃除用など必要な道具や洗剤が出し入れしやすいよう、バケツやかごにまとめられていました。ちなみに、フランスの水には石灰質が多く含まれ、水周りに白い跡が残ることも。食用のヴィネガーはそれを取り除くのに便利だそう。

シンク後ろの作業台には、保存容器に入れた乾物や調味料が並ぶ。壁際のミニシェルフには、小さな引き出しがついていて、お誕生日用のローソクやケーキ用の飾りなどが詰められていました。

「プラスチック製のものはなるべく使いたくない」というララさんは、食器用洗剤の容器にもひと工夫。安定感のあるワインの空き瓶にオリーブオイルのコルク栓付き注ぎ口を組み合わせてオリジナル容器を作成。これだけで洗剤がなんとも絵になる。

Living and dining room

リビングとダイニング

ララさんのお宅では取っ手付きのかごが各所で活躍。インテリアの一部となっている。ソファ横には肌寒いときに使うブランケットが。

暖炉の前には、公園で拾い集めた松ぼっくりや小枝が詰められている。家族のイニシャルの形をした小枝を持ち帰るそう。

キッチンとリビングの動線上には、可愛らしいかごのカートが。紙類などの燃やせるゴミ箱に。そのまま収集場所まで持って行けます。

こちらのかごには、インテリア雑誌が。家のデコレーションが大好きなララさんのために、義理のお母さまが定期購読を申し込んでくれたのだそう。かご好きなララさん、これればかりは用途を考えずにひと目ぼれで買ってしまうそう。

日本では見かけない持ち手の長いマッチは、シャンデリア風照明のキャンドルや暖炉に灯をともすモノ。

ララさんがコレクションしているトランプやタロットなど卓上ゲームがきれいにまとまっている引き出し。

電池、家具のパーツ、紐など備品がまとめられた引き出し。細かなモノは愛らしい空き箱や缶に収めて。

子どもたちが大好きなWiiのパーツは自分たちで片づけられるよう出し入れしやすい高さにまとめて。

クリスマスのデコレーション用のおしゃれな小道具が詰まった引き出し。

好きなパーツを並べ、透明のコップやガラス容器をひっくり返して閉じ込めれば、まるでスノードームのようなオブジェが完成。ほこり対策にもよさそう。これは簡単に真似できるナイスアイデア!

ジップ袋に小分けして
中身を明記

電池、電球、ネジなど、そのもの単体ではときめかないような地味なパーツ類も、「サンタ・マリア・ノヴェッラ」の可愛い容器に入っていると愛着さえ湧いてくる。中身はさらにジップ付きパックで小分けして、内容物をメモしておけば、何のパーツかわからなくなることを防げます。

チェストの上に置かれた見慣れない形の容器。頭のつまみを引っ張ってみると、そこから現れたのは、なんと色鉛筆! 本来はたばこを入れる容器だそうですが、蚤の市で見つけたときに「色鉛筆を入れたら面白いかも!」とひらめいたそう。子どもたちにも好評。

蚤の市で見つけた古い陶器の入れ物。本来は歯ブラシ入れだが、ララさんのお宅ではろうそくを入れてインテリア小物のひとつに。

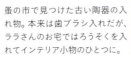

Bathroom

バスルーム

スペースは小さいけれど、モノが置かれていても散らかった印象を受けないバスルーム。鏡の面積を多くして、空間を広く見せている。

娘さんのヘアアクセサリーは小さなボックスに入れて。一人ではまだ完璧に片づけられないので、ララさんも手伝うとのこと。

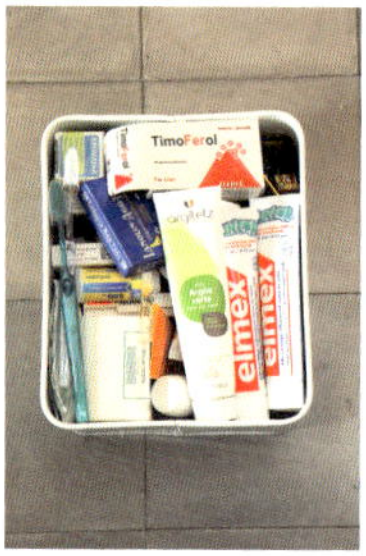

蓋付きのボックスには洗濯グッズや歯ブラシ、アメニティのストックが。統一感のないパッケージの小物を白い蓋がキレイに隠してくれています。

角に三面鏡を置くことで、スペースを広く見せるテクニック。ガラス容器には、バスタブに入れるためのバスソルト。ガラス容器に入れると、まるでオブジェのよう。

ボディーソープもガラス容器に詰め替えて。白い粉は重曹。顔のゴマージュによいとのこと。天然の素材を使って、肌を大切にケアしている。

まるでお店のように素敵なディスプレイのトイレルーム。棚は収納よりも飾りのスペースを充実させることで、生活感がにじみ出ないよう。最上段にはトイレットペーパーと白い円筒の容器が置かれ、それらもディスプレイに見えてきます。

下段に置かれたガラス瓶には、試供品としてもらった香水を移し変えている。蓋を開けておくだけで、小さな空間に香りが広がる。香水のサンプルを家で眠らせている方は多いのでは？ すぐに真似できるアイデアです。さりげなくおかれたマッチもイラストがおしゃれ。

ナイスアイデア！

Bedroom

ベッドルーム

8歳の息子さんと5歳の娘さんのお部屋。照明は可愛らしい気球のデザイン。寝る直前まで2段ベッドから眺められる。小さなゆりかご椅子には、本が収納できるようになっている。

子どものおもちゃや本はかごに収めて。学校から帰宅した子どもたちが、さっそくここからおもちゃを出して楽しそうに遊んでいました。ベッドの下に収まるので、蓋付きでなくてもOK。中身があまり見えず、ほこりもたまらない。同じかごを並べた効果もあり、スッキリ見えます。

ベッドカバーは、ララさんの生まれた南フランス・プロバンスで盛んに作られる「ブティ」と呼ばれるキルティング。温かみのあるやさしいデザインと色味。ベッドの両サイドには、帽子用の大きな丸いボックスを2つ重ねてベッドサイドテーブルとして使用。

Children's room

子ども部屋

おもちゃの住所は決まっているので、お子さんたちは遊んだあとに自分たちで片づけるそう。5歳の娘さんはママがどこに何をしまうかじっくり観察し、真似をするので片づけ上手なのだとか。

勉強机の上には文房具しか置かない主義。「ディプティック」のキャンドルの空き瓶をペンや色鉛筆立てにして。壁には子どもの目線に合わせて、動物や車で遊ぶ子どものイラストがはめ込まれている。

「おもちゃはかごにざっくり入れるだけ」という収納方法。子どもたちが自分でお片づけできるようになるためには、こんなおおらかな方法がちょうど良いのかも。

カードが収納できるランプ。子どもたちが勉強に興味をもつよう、アルファベットに花や動物、フルーツをあしらった可愛らしい柄のカードが飾られている。

Case_05

"出しっぱなし"がかっこいい 元倉庫で暮らすパリジャン兄弟の隠さない収納

マチュー・ドーズさん｜Matthieu Doze

ピエール・ドーズさん｜Pierre Doze

トラム（路面電車）ができて開発が進むパリ北部の郊外に、13年前に現在の自宅を購入したマチューさん兄弟。元は配管工事業者の事務所兼倉庫だった建物を、10年以上かけて改装しました。

大きな窓から明るい光が差し込むリビング&ダイニングから、たくさんのレコードが保管されている、まるでクラブに来たかのようなほの暗い空間まで、場所によって色々な表情があり、無造作に置かれたモノたちが、まるでアートピースのような輝きを放っていました。「モノは極力買わない主義」というマチューさんは、不要になったモノを友人や実家から引き受けたり、どうしても必要な場合は蚤の市で探して見つけてくるそうです。ひとつひとつを見れば大雑把な収納方法ですが、不思議と全体として調和がとれているからすごい！

家の中心には、オレンジ色に塗られた鉄筋の柱のようなものがあり、これは配管を収納するための什器だったそう。フランスでは、あえて建物のかつての面影を残したリノベーションを施し、家のストーリーを大事にする人が多いと聞き、歴史の深さを大切にする国民性を実感しました。

Matthieu Doze マチュー・ドーズさん
Pierre Doze ピエール・ドーズさん

年齢／職業 46歳／コンテンポラリーダンサー、49歳／美術史教師

住居 アパルトマン1階、持ち家

間取り／広さ 3LDK／120㎡

家族構成 2人（マチューさん、ピエールさん）

居住年数 13年

京都のアートセンターで1年間の滞在経験のあるマチューさんは国際的に活躍するコンテンポラリーダンサー。同居中の兄、ピエールさんは大学でアートヒストリーを教える。

Kitchen

キッチン

②調理道具は空き缶にざっくり立てて。整頓されていなくても、絵になるのが不思議。

竹串で刺すだけ！

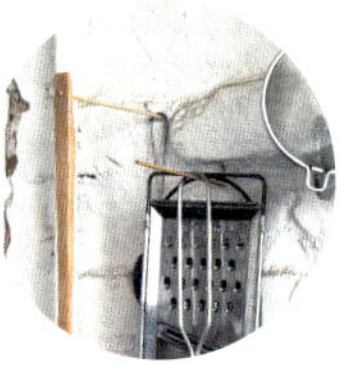

①まるで五線譜の上の音符のように、リズミカルに吊るされたキッチンツール。釘を打ってフックにしているのかと思いきや、竹串のようなものを壁の穴に刺しているだけ。横一列に等間隔に並べるのではなく、バラバラに置くことでモダンアートのような印象に。この計算されていない無造作感にワザあり。

③「引き出すのにちょっとコツがいるけれど…」というオリジナルボックスを、手前にガラガラと引き出してみる。中には調理器具がざっくりとしまわれていました。とくに整頓はされていないざっくり加減が、この木箱にはとても似合う。

④田舎の蚤の市で見つけたという、元は薬箱だった鉄のボックスには、とりどりのスパイスを。人を招いてディナーパーティーをよく開催するというマチューさん。中華の鶏ガラスープの素から北アフリカのクスクス用ミックスハーブのラスエル・ハヌート、エスニック料理用のクミンパウダーまで、世界中のスパイスが収められていました。

⑤高脚のコンロは自分たちでとりつけたそう。使い込んだようなアンティークな色合いがかっこいい。火力を強くできるようにガスを引いてある。ホーローの鍋の中には野菜スープが。

⑥こちらの木箱は、もともとご実家にあったもの。美術品を入れて運ぶために使っていたそう。表面には珍しい書体のロシア語が書かれています。脚にしたのはなんと美容院のパーマ台として活躍していた椅子の部品で、30年代のものだというから驚き。これは世界にひとつだけのオリジナル収納用品。キッチン台の端にワイヤーを取りつけてふきんをかけ、ちょっとした目隠しに。フランスで売られているふきんは、ループ付きのものがほとんど。壁のフックやちょっとしたところにひっかけて干せるので使いやすそう。

渋い色の蓋付きトタンのゴミ箱。古くなって劣化した様も、なんだか味のある渋みとして魅力的。手前に生ゴミ、四角いボックスには資源ゴミを。生ゴミは、庭の土の中に埋めて、堆肥として使っています。ゴミを減らせるし、栄養分がたっぷりと土に行き渡るから、一石二鳥。

カトラリー類はなぜか植木用の鉢に。素焼きの植木鉢だけに濡れた状態で入れても水はけもよいはず。なるほど! こんなシュールな演出もこの無骨なキッチンにはよく合っています。

キッチン横には、天井まである高い棚が。もともとあった什器に板を挟み込んで作ったDIYだそうで、調理台に近い右サイドには調味料やお茶を、前面には本がぎっしり。細部をよく見ると、絵柄が可愛らしいマッチが挟んであったり、空き袋を留める木製のピンチがスタンバイしていたりと、各所に遊び心と個性が感じられる一角。

マルシェで買ってきたチーズを、木のボードに置いて、チーズナイフと一緒にそのまま食卓へ。香りの強いチーズは保存の際、においが移らないように、ガラスの蓋付きの容器に入れて冷蔵庫へ。

すべて自分たちで組み立てた有機的なキッチン

白い陶器でできたシンク、古い木箱に椅子の脚を付けたオリジナル収納ボックス、壁には無造作に調理器具がぶら下げられており、とにかく個性的でありながら、道具たちが生き生きとして見えるかっこいいキッチン。キッチンはすべてお手製とのことで、ホームセンターで木の台座を希望のサイズに切ってもらい、そこに「Habita《アビタ》」で購入したシンクをとりつけ、配管も自分で行ったというから驚きです。

　マルシェから両手鍋をかかえて帰ってきた兄・ピエールさん。中身は食欲をそそる香りただよう野菜のスープ。コンロで温めなおしたら、カットしたパンと一緒に立派なランチの完成です。鍋を持参すればゴミも出ないのでとても合理的ですね。

玄関の壁には自転車を掛けて。エクササイズにもなるし、エコということで、マチューさん、ピエールさんともに自転車はよく活用するそう。

Entrance

エントランス

マルシェのような食材置き場

エントランスからキッチンへ続く土間のようなスペースには、食材をストックしておくコーナーが。さまざまな乾物やスパイス、フレッシュな果物や野菜の数々からは、食を大事にしていらっしゃるおふたりの暮らしぶりが垣間見えます。壁に吊るされたハーブ（束で買ってきて、自然に乾燥させたもの）はリースのようにインテリアの一部に。私もこの旅行中にマルシェでローレルを束で買ってお土産にしました。

Living room
リビング

通りに面したリビングの窓枠には長方形の大きめのプランターを置いて、グリーンを育てています。「都会に住んでいるからこそ緑が欲しい」とマチューさん。その言葉どおり、おうちの中は緑でいっぱい。植物をジャングルにみたてて、恐竜の小物を配置している遊び心がよい。

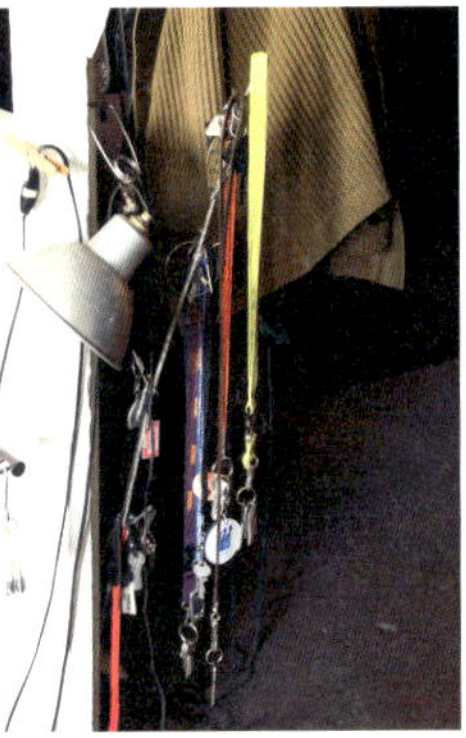

木の枝を支柱に、鍵やストラップをかけて。壁面にぶら下げられた小物たちには、とくにルールなどなさそうでも、全体が調和して見えるから不思議。必要なメモだけを挟むのではなく、インテリアの一部となるような絵葉書や額縁もさりげなく挟むセンスはお見事。

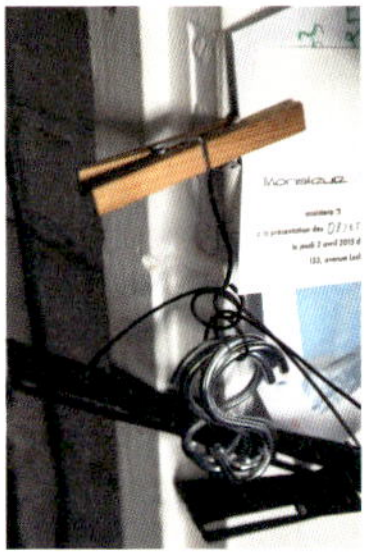

配線コードやメモは木のクリップで留めて。コードが長い場合、暗がりでランプのスイッチを探すのが大変なときがあるけれど、こうやってシェードの上に釘とクリップで留めれば一目瞭然。

マチューさんのベッドルーム。白い空間に赤の棚がアクセントになっています。

Bedroom and DJspace

ベッドルームとDJスペース

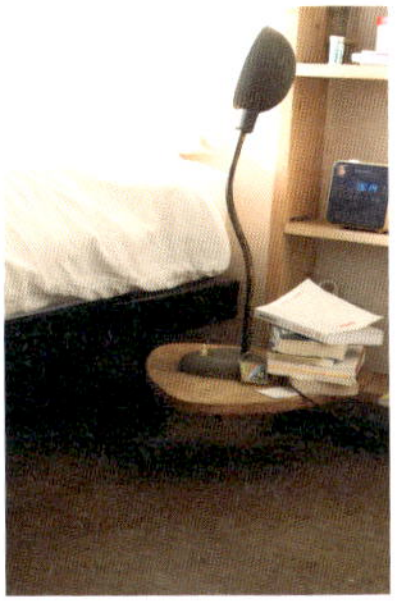

ベッドサイドには空中に浮いた状態のミニテーブルが。よく見るとベッドから伸びたL字形の金具で固定されているので、床に着地せず掃除がラクそう。

捨てられていたものを自分で修繕し、赤にペイントした書類棚。書類のほかに、PC関連器具などを収納。書類ケースは色をかえてカテゴリーごとに分類。

レコードが床から天井までぎっしりと詰まった図書館のようなスペース。DJもするマチューさんはレコードのコレクションも豊富。中央にあるオレンジ色の什器は、配管工場だった頃の名残。

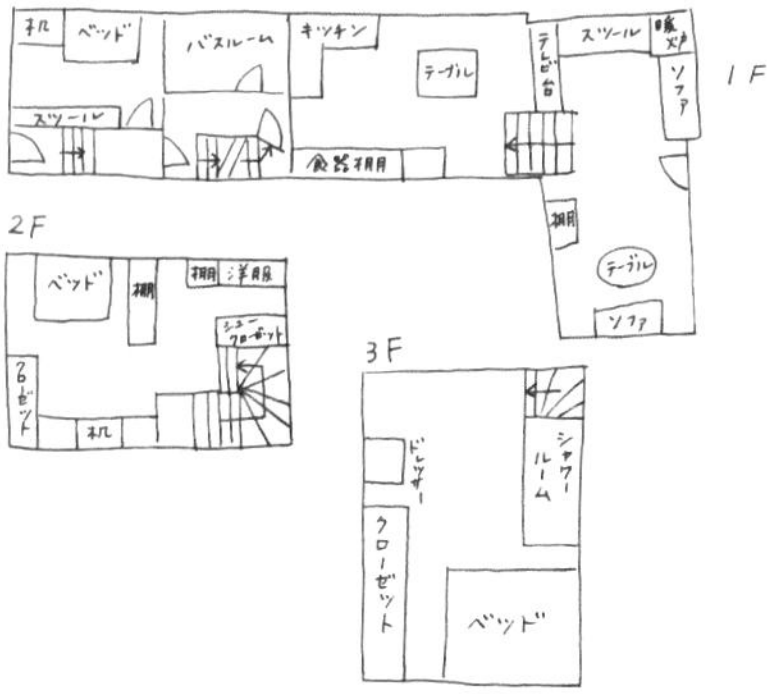

子どもと一緒に片づけられる！ 育児をしながらも好きなモノに囲まれて暮らす

フィフィ・マンディラックさん ― Fifi Mandirac

グラフィックデザイナーであるフィフィさんのお宅は、アトリエと自宅の間に緑豊かなお庭があるクリエイティブな空間。仕事柄、デザインの好き嫌いがはっきりしているので、家のデコレーションはお子さんたちの趣味となかなか折り合わず、妥協点を見つけることが課題だそうです。ただ、子どもの意見も尊重したいので、やみくもに「NO」と言わず、ママがどうしてこのデザインが好きか・嫌いかを説明し、反対になぜ子どもがそのデザインが好きなのかに耳を傾けるそう。そのやり取りを通して、自分自身のセンスを養ってほしいと願っているとのこと。例えば、「まわりの友達がみんな着ているから」という理由でヒーローもののTシャツを安易に選んでほしくない、といったように。

そんな中で家族で合意した収納ルールは、「家の雰囲気を乱すものは隠す」ということ。普段は扉やカーテンを上手に活用して見えなくし、個々が見たいとき、必要なときだけ見えるようにすることにしたそうです。

Fifi Mandirac フィフィ・マンディラックさん

年齢／職業 43歳／グラフィックデザイナー

住居 一軒家、持ち家

間取り／広さ 3LDK＋ドレッシングルーム＋アトリエ／200㎡

家族構成 4人（フィフィさん、夫、長女8歳、長男5歳）

居住年数 9年

友人に結婚式のお祝いカードをデザインして贈っていたところ、ポップで幸福に満ちていると噂を呼び、2000年グラフィックデザイン会社を設立。自宅にアトリエを構え、仕事とプライベートの生活を上手に両立している。オンラインで商品購入可能。http://shop.fifimandirac.com/

住居スペースの向かいには、フィフィさんのアトリエが。1階、2階とも全面窓にすることで、中庭の緑を眺めながら仕事をすることができる。

2F Children's room

2階子ども部屋

子どもが迷わず片づけられる

８歳の娘さんのクローゼットは、「Ｔシャツ」「ワンピース」など服の種類ごとにラベリングされていました。「ときにはぐちゃぐちゃになっていることもあるけれど、基本的には本人に管理させています」とフィフィさん。どこに何をしまうかという収納システムを最初は一緒に考え、今は少しずつ娘さんが自分の判断で変えていっているそう。身のまわりを整える練習場所になっているようです。

パパのアイデアで、「IKEA」のロールスクリーンを取りつけたデスクコーナー。机の上が散らかっているときには、ささっと目隠しすることも可能。

娘さんが自分で管理しているクローゼット。ハンガーの向きはきちんと揃っています。大きな籐のかごにはおもちゃをざっくりと収納。

片づけ好きになれる子ども部屋の作り方

幸福を呼ぶと言われるスズランの壁紙が可愛らしい部屋。竹の棒とレースで作られた天蓋ベッドは、なんとママとパパの手作り！

赤い壁の前に置かれたラックに色とりどりのお洋服がかけられ、まるでブティックのようなフィフィさんのワードローブ。

天上すれすれの収納スペースには、カラフルなミニトランクやアンティークの帽子、クラッチバッグなどが。視界に入るので、タンスに眠ったままにはならないそう。

靴が大好きなフィフィさんのための専用シューズクローゼット。カーテンで隠すこともできます。手持ちの靴がいっぱいになったので、40足も手放したという。

5歳の長男の部屋にも、パパとママが手作りしたおうち型の小さなベッドが。下には収納スペースまで備えられています。キャスターもついているので、部屋の模様替えの際にも簡単に移動できそう。

1F Children's room

1階子ども部屋

目にうるさいポスター類の隠し技!

扉の裏にはママが普段目にしたくないヒーローもののポスターが。ポスターをどうしても貼りたい息子さんとの妥協点はこういう手法でクリア。

息子さんの写真は可愛くアレンジされポストカードに。グラフィックデザイナーであるフィフィさんの手作りで、センスよく飾られていました。

白い収納家具には、衣類やおもちゃが。子どもが自分でお片づけするのに、ぴったりの高さ。

おもちゃは車、動物などカテゴリーごとにゆるく分類ができているので、自分でお片づけできるそう。散らかして行方不明になったおもちゃのパーツは「その日のうちに見つけないともう出てこない」と理解させ、「遊んだらすぐ片づける」がフィフィさん宅のルール。

鏡の前に置かれたコスメたちが女性らしさをさりげなく演出。旦那さまと2人の寝室だけど、目に入るものはフィフィさんのモノだけ。旦那さまの所有物がどこにも見当たらない（笑）。

Bedroom

ベッドルーム

2階のクローゼットとは全く雰囲気の異なる寝室。ベッドからは白い壁とクローゼットの木の扉、光が差し込む窓だけが目に入るシンプルな空間。「後々デコレーションしようと思っていたけれど、実は何もないこの部屋が一番落ち着くの」とフィフィさん。お仕事柄いろんなカラーが目に入るからだろう。心が休まるZEN（禅）なスペースなのだそう。

コントラストをつけて
扉内はカラフルに！

「クローゼットの半分以上が私のスペース。一番端の小さな扉が夫のコーナーなの」と笑うフィフィさん。服は、同系色でまとめるのではなく、「緑のとなりに白」などあえてコントラストをつけて並べるのがお好きなのだそう。

Kitchen and dining room

キッチンとダイニング

壁と家具を白で統一した明るいダイニングスペース。小さなスペースでも窓を作って、上手に採光しています。

壁際は全面窓にして、中庭の緑を見ながら食事ができる。窓から見えている緑のおうちは子どものために作ったミニハウス。

①本物の冷蔵庫は、棚の中に組み込まれています。日本の住宅ではあまり見かけない仕組みだけど、フランスでは珍しくないとか。冷蔵庫を隠してしまえば、生活感が一気に消えます。

収納庫として活用

②使えなくなった冷蔵庫は、捨てずに収納庫として利用。1945年におじい様が購入したモノで、デザインが好きだったので手放したくなかったそう。上段にはお料理に使う調味料、子どもでも取りやすい下段にはコーンフレーク、お菓子などが収められていました。

白と黒のモノトーンにカラフルな小物で個性をプラスしたキッチン。「IKEA」のシステムキッチンに自ら木の取っ手をつけて、オリジナルデザインに。

①高すぎない位置に配した吊り戸棚。左側にはガラス製のグラスやゴブレットが。右側の上段に並んだ小さな器は半熟卵をのせるエッグスタンド。フィフィさんの時短メニュー。

フィフィさんのお気に入りの食器たち。食事用のお皿はすべて白。カフェオレボールやティーセットなどで色を足すのがフィフィさん流。

キッチンカトラリーは
すぐとれる位置に

普段使いする調理道具は水差しにまとめて収納。シリコン製の道具はお好きではないそうで、使い込んだ木べらが誇らしげに並んでいます。仕事が忙しくても子どもたちには手料理を食べさせてあげたいそう。

②上段には両肩上がりになるよう並べられたチャーミングな調味料たちが整列。下段にモノをほとんど置かないことで、バランスを取って。

③何度も開け閉めしてしまったこの自動開閉ゴミ箱システム！ 扉を開けると、扉裏についたゴミ箱が手前に現れ、さらに蓋も勝手に開いてくれるという仕組み。フィフィさんの手作りかと思いきや、ホームセンターなどで購入できるそう。

ゴミ箱の仕組みを丁寧に教えてくださるフィフィさん。彼女が目にしたくないものは扉の中に隠すという手法がここでも見つかりました！

リビングから階段を上がるとダイニングスペースという位置関係。テレビの下にはたくさんの絵本が。ホームパーティで大人だけで話しているときは、子どもたちはここに集まって遊ぶのだそう。

家具や写真フレームはナチュラルな木製だけど、花瓶やオブジェは特徴的な形を選び、色もポップに。フィフィさんの個性が光る。

Living room
リビング

リビングスペース。天井にも窓を設けて自然光を取り入れています。夜は家の中にいながら星や月をゆっくりと眺められる。

天井近くまで高さのある収納棚は圧巻。両親からの贈り物でオーストリア製の古い裁縫用具入れだそう。手が届きにくい上段はケーブル類のストックやもらったお手紙など、中間にはろうそくやサングラスなどよく使うものを。下段には子どもたちが使う文房具などが収納されています。

バスルームと洗面台の間には洗濯機が置かれているけれど、使わないときはカーテンを引いて隠しています。好きな柄の布を選ぶことで、生活感が消え、インテリアの一部に。

Bathroom
バスルーム

お出かけ用のかごバッグを洗濯物入れに使用。1日1回洗濯しているので、4人分でもこの大きさで足りるそう。ドアノブにかければ、場所もとりません。

アンティーク調のキャニスターには、日本では見かけない洗濯機用の石灰中和剤が。フランスの水は石灰質を多く含む硬水のため、石灰がパイプなどに詰まり洗濯機が壊れることもあるそう。洗濯機に洗剤と一緒に入れて使うとのこと。

ネックレスをディスプレイ収納

長さのあるネックレスは洗面台脇の壁に吊るしてディスプレイ。年頃の娘さんはこのコーナーを憧れのまなざしで眺めては「私も大人になったら、こんな可愛いアクセサリーをつけたい」と夢見ているそう。

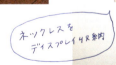

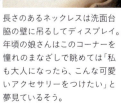

おうちがアトリエ
ガレージを改装したパリ郊外の一軒家

ナタリー・ドゥラエさん — Nathalie Delhaye

ナタリーさんがご主人と3人のお子さんと暮らしているおうちは、パリの東側にあるモントルイユという郊外の町にあります。以前はパリのアパルトマンに住んでいましたが、子どもが生まれ手狭になったことから、2007年に現在の一軒家を購入し大掛かりな改築工事に取りかかりました。

照明デザイナーで建築もお好きなご主人は、家の増築や造作収納なども自分で設計してしまう腕前の持ち主で、ガレージ部分を住居に改築したり、屋根裏収納を作ったりと、コツコツと自分たちでリフォームを進めました。夫婦で相談しながら家を作り上げていくことは、「何を大切にして暮らしていきたいか」というイメージの共有に繋がる作業なのでしょう。長期にわたる工事を通じて、モノが片づいていない雑然とした風景を目にしながらの生活は自分の頭をも乱し、心の平穏を保てないという経験をしたナタリーさん。以来、収納や片づけがいかに大事なものであるかを実感しながら生活しているそうです。

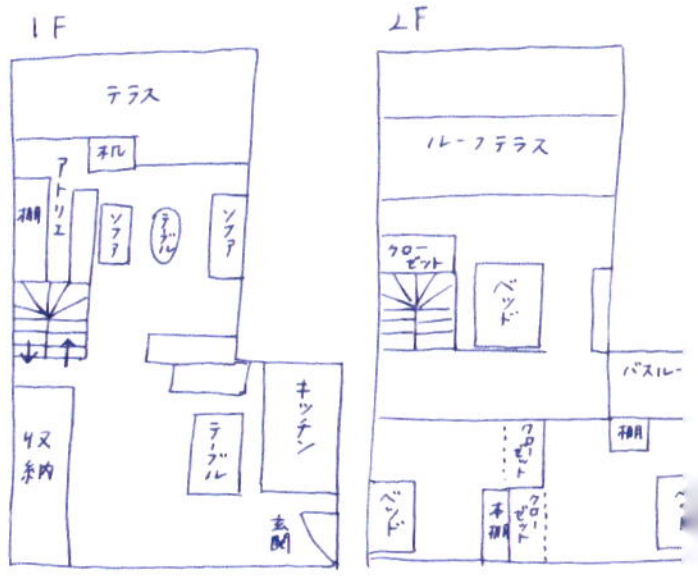

Nathalie Delhaye　ナタリー・ドゥラエさん

年齢／職業　40歳／アクセサリーデザイナー

住居　一軒家、持ち家

間取り／広さ　3LDK＋ドレッシングルーム／90㎡

家族構成　5人（ナタリーさん、夫、長女12歳、次女8歳、長男5歳）

居住年数　8年

グラフィック・デザイナーとしてキャリアを積んだのち、2006年にアクセサリーブランド「Mademoiselle《マドモワゼル》 Ninon《ニノン》」を立ち上げる。色とりどりのガラスビーズを使った手作りアクセサリーは、レトロでロマンティックな魅力を放ち、パリをはじめフランス各地のセレクトショップで人気。蚤の市やフリーマーケットを巡っては、骨董品やビンテージ家具など物語を感じられるオブジェを集めるのが好き。

merci
beaucoup

Living room

リビング

①右端の一部をあえて収納にしなかったのは、トイレへの動線を考えて空間に空きを持たせるための工夫。

②中央は主にコート類をかけるラックスペース。玄関を入ってほぼ正面に位置するため、自然な動きで片づけられて便利。

③かさばる掃除機やほうき、ショッピングカート、エプロンなどをしまうことを想定して設計した一番奥のスペース。

壁一面に作りつけられた造作収納は旦那さまが自ら設計したもの。すべての棚に扉をつけずオープン部分を作ったのは圧迫感を持たせないこと、そして本が大好きなナタリーさんがいつでも本を手に取れるようにとの考えから。フランスらしいシックなニュアンスカラーが素敵です。

Kitchen
キッチン

60年代の古いキッチンをまめまめしく手入れして使い勝手のよい空間へ

コンパクトで愛らしいキッチン

3人のママとして自然と過ごす時間が長くなるキッチンは、使い勝手のよさにポイントを置いたアイデアがちりばめられている場所。あえてモダンなスタイルにリフォームをせず、この家にもともとあった古い台所に少しずつ手を加えて、作業スペースを広くしたり、収納棚やオーブン棚を取りつけたり、食洗機や洗濯機を配置したりと、毎日の作業をよりスムーズにする工夫をさりげなくプラスしていきました。フランスの田舎を思わせるノスタルジックな雰囲気が魅力です。

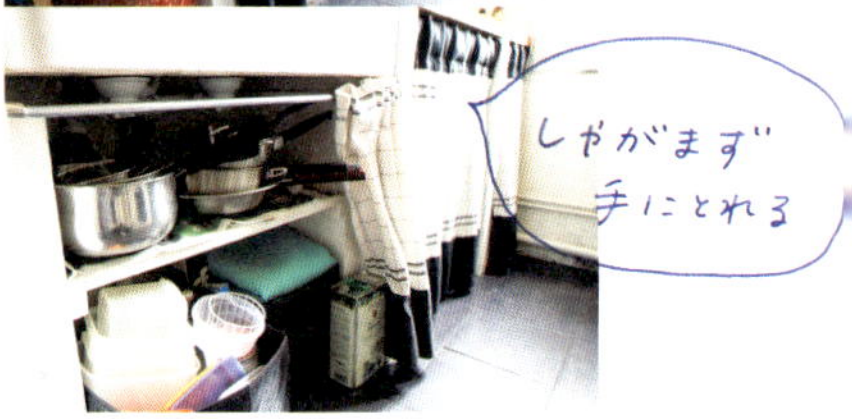

目隠しカーテンはキッチンクロスを利用したお義母さまのお手製。シンク下には板を取りつけて調理道具を収納。しゃがまずに手に取れる上段には、よく使うフライパンを、下段にはタッパーを。

光が差し込むキッチンは昔のままのよさを活かせるよう、システムではなくひとつひとつのパーツを手作り。コンロはスペースに合わせて一般のものより奥行きが浅めで五徳が横並びの「Smeg《スメグ》」のものを採用。

扉の中には、スパイス類、食器類がお行儀よく並んでいます。食器棚の下にはオープンの長い棚を取りつけて、瓶に移し替えた乾物をひと並びに。レストランの厨房のような活気ある雰囲気。フランスの老舗ブランド「Le《ル》 Parfait《パルフェ》」の密封瓶はインテリアとしてもさまになります。

シンクとコンロの対面は、壁の端から端まで木のテーブルトップを渡した作業スペース。電気ケトルやトースターなど、使う頻度の高い電化製品も置いています。洗濯機と食洗機もぴたりとはまるよう台の高さと奥行きを設計。

インテリアの邪魔になりがちな電子レンジも、吊り戸棚と一直線上に設置されているためすっきりした印象。作業台も広々と使えます。

ぴったり！

砂糖や小麦粉は目に美しい瓶に入れ替え

奥行きを浅めに設計した棚は密封瓶が美しく並ぶぴったりサイズ。砂糖や小麦粉、穀物類をガラスの瓶に詰め替えて飾るのがフランス流。

手作りのキッチンです

キッチンツールはざっくりひとまとめに

マトリョーシカのように並んだ可愛らしいアンティークの陶製キャニスターは、ナタリーさんが骨董市で見つけた掘り出し物。古いモノだけど、フランスの家庭では今も利用する人が多いそう。

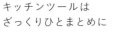

リビングはビンテージのソファとローテーブルを配置したすっきりとした空間。フランスでは大人のための空間とされるリビングに子どものモノを持ち込まない家庭も多いそうですが、ナタリーさんのお宅では場所さえきちんと決まっていればOKということで、階段下のスペースを活用。

Living and workspace

仕事場兼リビング

宝石職人が使っていた年季の入った作業机は台の高さやカーブ、ゴミをそのまま落とせる受け布などとても使いやすく気に入っているそう。隣の引き出し付きの黒い家具は、かつて時計屋さんが行商をしていたときに使っていたものをお父さんから譲り受けました。

リビングと同じ空間を仕切ったアクセサリー作りの作業スペース。目隠しに高めの衝立てを机の前に作り、デスクトップのごちゃつきがソファでくつろぐ家族の目に入らないよう配慮。

デスクの上にある小さな引き出しがたくさんついたチェストには、直近の作業で使う細かなパーツを種類ごとに分けているのだそう。

卵パックを活用

作業で使うビーズを仕分けているこのトレーは、なんとうずらの卵のパックを再利用したもの！ 使う分だけの量を細かく分類できるから、作業がはかどりそう。

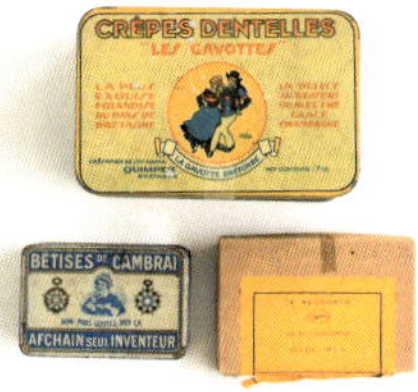

アンティーク好きなナタリーさんらしくレトロな入れ物を再利用。上と左下はフランス人なら誰もが知っている有名なお菓子と飴の缶。右下は時計の部品が入っていた古い箱。

「Mademoiselle《マドモワゼル》 Ninon《ニノン》」のアクセサリーを飾るためのホルダーも旦那さまの手作り。木と鉄の棒を組み立てて、お気に入りの色をペイント。

枝にネックレスを吊るす収納は、アクセサリー作家さんらしいナイスアイデア。枝にラメを貼りつけることでセンスアップ。

クローゼットを置く代わりにオープンの収納棚を設置。目隠しカーテンの奥にはDIYショップで購入した取手を引っ張って引き下ろすタイプのラックを使って洋服をかけ、高い場所もムダなく活用しています。

長女の中学入学を機に、壁を作って空間を2分した子ども部屋。狭いスペースを最大限に活用するために旦那さまがロフトスタイルの家具をデザインし、上はベッド、下はデスク&リビングスペースに。

Children's room

子ども部屋

まだ幼い真ん中と下の子どもたちは一緒のお部屋で。上はお姉ちゃん、下は弟くんのベッドスペース。奥行きが浅くて使いやすいというかつての食器棚はアイボリー色に塗り替えて子ども用にカスタマイズ。この家に引っ越してきて新しい家具をほとんど買っていないというからすごい。

Bathroom

バスルーム

洗面台作りや壁のタイル貼りもすべて自分たちで手がけたバスルーム。どっしりとした洗面ボウルを置いた家具は、なんとミシン台だというから驚き！ 発想の自由さに脱帽します。

アンティークの鏡の横のスペースには、元々鍵をかけるために売られていたという鳥モチーフのフックをネックレスかけに。高さを揃えないことで、鳥たちのシルエットがより生き生きと見えます。

Bedroom

ベッドルーム

蓋付きボックスを テーブル代わりに

ナイトテーブル代わりにしている蓋付きのボックスには、ナタリーさんの仕事のアイデア帖などが保管されています。普段頻繁に出し入れするものではないので、この場所に収納していても問題なし。

新しいモノにも必ず古いアイテムをプラスしたいというナタリーさんの哲学がよく表れた寝室の収納。旦那さまが作った家具にはすべて扉をつけず、彼女がフリマで見つけた古い布地を利用したお義母さまお手製の目隠しカーテンをかけています。両側の棚はTシャツや下着など折りたためる洋服類を収納。

以前アパルトマンで暮らしていたときに廊下に置いていた棚を、現在はベッドルームで活用。シンプルなデザインの棚は引っ越しても長く使えます。

彼女が「インスピレーションの源」と呼ぶ廊下の一角。自分や子どもが描いた絵や好きなアーティストの写真とイラスト、骨董市で見つけたオブジェなど、自分のお気に入りを飾っています。壁を飾るのは収納と同じで、自分の頭の中のビジョンを外に表現すること。見た目の美しさと機能性のバランスを上手に取るよう心がけているそうです。

Case_08

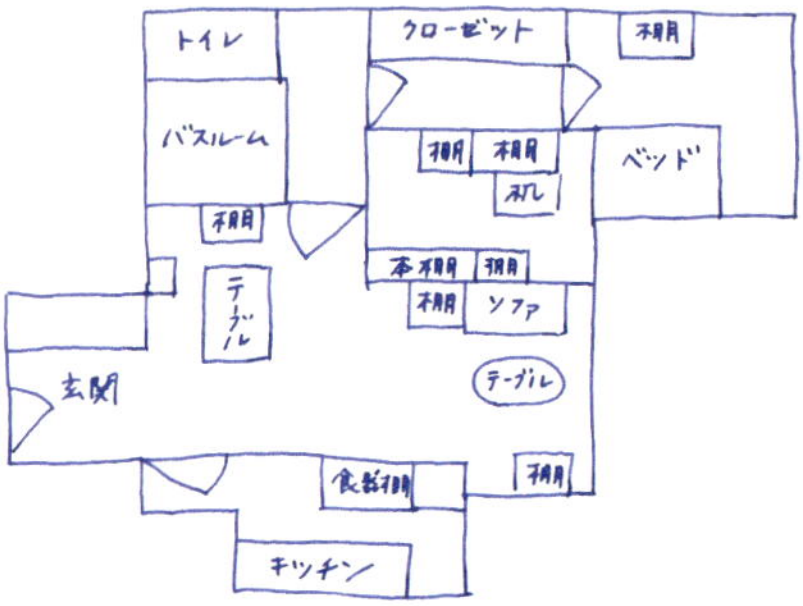

収納は彼女、インテリアは彼氏。2人でコツコツと作ったお部屋

エティエンヌ・メルシエさん | Etienne Mercier
古堅麻子さん | Asako Furukata

フランスで「近代建築」と呼ばれる70〜80年代のアパルトマンを上手にカスタマイズして住む麻子さんとエティエンヌさん。キッチンは、シンク、コンロ、収納棚などすべてを「IKEA」でオーダーし、壁は好きな色にペイント。使い古されたタイルや木の床は、どこか温もりが感じられて、日本のレトロ住宅のような印象です。「エーロ・サーリネン」などの北欧のヴィンテージ家具も建物の雰囲気とぴったり。

かつて麻子さんが日本に住むことになったときに、持って行く荷物はトランクひとつ、実家に残す荷物は段ボール5つまでと決め、無駄なものは徹底して整理。その経験が今の「本当に必要なモノだけを持つ」という姿勢に繋がったそうです。フランスでは寄付などのリサイクルシステムが確立されていて、積極的に活用されています。捨てずに済むからモノを手放すことへの抵抗感がなくなって、整理がしやすくなり、何よりモノが次の持ち主を見つけられるのが良いですね。

Etienne Mercier エティエンヌ・メルシエさん
古堅麻子さん ふるかたあさこさん

年齢／職業 34歳／映画関係
35歳／撮影コーディネーター

住居 アパルトマン4階、賃貸

間取り／広さ 2LDK／90㎡

家族構成 2人（エティエンヌさん、麻子さん）

居住年数 1年

フランス生まれの麻子さんは日本のCMなどのコーディネーター、エティエンヌさんは映画の小道具担当。おふたりともパリ東の11区が大好きで、家探しは地区をまず優先して、4ヶ月かけて物件探しをしたというこだわり派。

INFLUENCE
THE KILLING OF A CHINESE BOOKIE
OPENING NIGHT
ANIMAL
REGARDE LES
qu'est-ce que le cinéma?
Jean Teulé
Charly 9
La rampe
Serge Daney
François Truffaut
Le plaisir des yeux
Stendhal
Le Rouge et le Noir
Upton Sinclair
La Jungle
Henry Miller
Transit
DIX PETITS CANARDS
Textes : René Witold
illustrations : François Mercier
John Fante
Demande à la poussière
John Fante – Mon chien Stupide
John Fante – Pleins de vie
Robert Bresson
Notes sur le cinématographe
Robert Merle
La mort est mon métier
Tonino Benacquista
Saga
F. Scott Fitzgerald
Gatsby
Antoine de Baecque Serge Toubiana
François Truffaut
POCKET
Tokyo
THE HOT SET
Wong Kar Wai
BUDO SHOSHINSHU
DAIDOJI YUZAN
Ed McBain
87e District
Tristan Egolf
Kornwolf
Jean Teulé
Le Montespan
Julliard
1000 chairs
Charlotte & Peter Fiell
TASCHEN
GEORGES SADOUL
Histoire du cinéma mondial
Histoire de la Photographie
de 1839 à nos jours
George Eastman House
Rochester, NY
1000 LIGHTS
1000 Leuchten
1000 Luminaires

書斎の棚には、ポケットの中身を一時的に置いておけるトレーが。和を意識したインテリアと調和するデザインで、すんなり馴染んでいます。

蔵書の多さに驚く書斎。インテリアのセレクトは映画のデコレーターをされているエティエンヌさんの担当。麻子さんは「いかに暮らしやすくするか、つまり収納のシステムなどを考えるのが好きだから、役割分担がはっきりしている」のだそう。「インテリアは得意で好きな彼に任せて、一切口出ししないというのが、共同生活を円滑に進めるコツ」だとか。

「無印良品」と「IKEA」で色を統一

真四角な収納用品やファイルが規則正しく並んだ書斎の本棚。一列ごとの本の高さが合っているのですっきり見えます。

　書類の収納用品は「無印良品」と「IKEA」で統一。「IKEA」の書類ボックスは黒、チャコールグレーの2色を使い分けて、仕事関係の書類を分類。「無印良品」のプラスチックケースは重ねて棚の中にきっちりと収まるように配置。引き出しの中には、文房具のストックや工具などが整頓されてしまわれていました。

リビングはミッドセンチュリーのヴィンテージ家具を中心に、建物の雰囲気と合うようにレトロなイメージで揃えたそうです。「エーロ・サーリネン」のアームチェア、北欧らしいウッドのヴィンテージチェストに加えて、「ラスブレイズデザイン」のガラスのローテーブルとモダンなデザインのものをセレクト。照明は間接照明だけを使用し、四隅に高さを変えて配置しました。そうすることで光がまわり、部屋全体が優しい印象に。和紙を貼ったランプは「イサム・ノグチ」のモノ。

Living and Bedroom

リビングとベッドルーム

家に人を招くときは、トレーに飲み物とナッツなどのおつまみを置いて、食事前にまずは軽く乾杯。アペリティフ（食前酒）はダイニングではなく、ソファで歓談。

ベッドルームの壁は自分たちでペイント。賃貸でもフランスではDIYや壁のペイントが可能。「String《ストリング》」の本棚も自分たちで取りつけたそう 。

扉の中には、小麦粉、砂糖、マスタード、油類、コーヒー、紅茶などの食材のストックを。棚のサイズにちょうど合う収納用品を探している最中だそうで、「見つかるまではこれでガマン」とタッパーで代用。

Kitchen

キッチン

フランスではオープンキッチンタイプが流行りだそうですが、麻子さんはあえて独立したキッチンを選択。疲れている日や、友人を大勢招いた日の後片づけなど、キッチンを掃除する時間がないときには、とりあえず汚れた食器などを運ぶだけで、ダイニングとリビングが散らかってみえないのがメリットとか。「朝起きたときにダイニングテーブルの上が散らかっているのを見たくない」という麻子さん。片づいたリビングでスッキリ朝を始めたい麻子さんの気持ちはよくわかります。

そのほかの片づけのコツは「大切なモノはしまいこまずにどんどん使う」こと。使うたびに嬉しくなるモノは愛着もわいて、片づけも苦にならない。お気に入りのモノがあれば満足感から、無駄にモノを増やさないという効果も期待できますね。

オープン収納も使いやすそう！

キッチンの背面にある収納棚。背が高く取り出しにくい一番上にははかりなど使用頻度の低いモノを。真ん中の取り出しやすいところにはよく使う調味料などを収納。

冷蔵庫のサイドにはマグネットフックに吊るした布バッグを。中にはオーブンミトンなどを入れ、収納場所の補填に。

このまま ゴミ置き場まで
持っていける

マルシェで購入したワイン用のバッグに、空き瓶やペットボトルなどの資源ゴミを一時的に入れておく。見た目も可愛らしく、このままマンションの共用ごみ置き場まで持っていける。ナイスアイデア。

無印良品
IKEA

よく使うキッチンツールは「IKEA」のスタンドに立てて。オイルや調味料は、中身が垂れて底が汚れるため「無印良品」のトレーに。下の木の台は、元々はパンを切るためのものだけど、そのままチーズやパテを置いて食卓に出すことも。

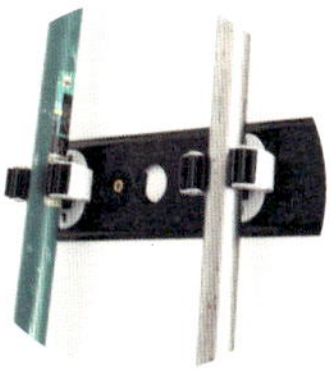

キッチンの扉裏には、柄のある掃除用品が吊り下げられています。柄をキャッチする便利アイテムは、日本の住宅でも重宝しそう。デザインもかっこいい。マレにあるデパート、「BHV」で購入したそう。

吊り戸棚には食器が。小柄な麻子さんの身長に合わせて、下段によく使うモノが。収納スペースに対してしまわれているモノは8割ほどにしてあるので、ゆとりがあり、出し入れが楽でストレスがない。

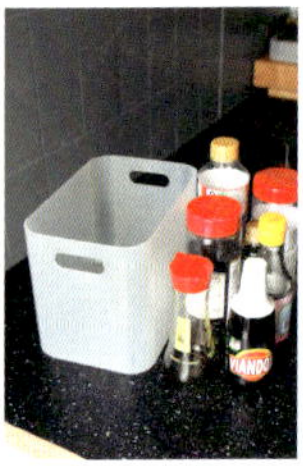

やっぱり
「無印良品」ですね

「IKEA」のシステムキッチンの引き出しには、調理器具や調味料が分類されて入れられている。ここでも「無印良品」のケースを活用し、ボトルが倒れないよう工夫が。

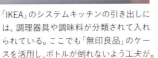

Entrance
エントランス

麻子さんの衣類を収納したクローゼット。「IKEA」のシューズホルダーや引き出しをうまく利用している。服と靴はシーズンごとに見直し、このスペースに収まるだけと決めているそう。1〜2年着ていないものは一時的に紙袋に入れて、その後、寄付やリサイクルに回します。

散らかり防止のための
ちょっと置きトレー

鍵や小銭など、ポケットに入っていたものをひとまず置くトレー。フランスでは「ヴィッド・ポシェット」と呼ばれるアイテムらしく、どこの家庭にもたいていエントランス付近に備えています。このトレーのほかにも、おふたりのお宅には各所に一時置き用トレーがスタンバイされていて、散らかり防止の役割を果たしています。

ボックス型のブレーカーは、元々備えつけられいたもの。80年代はじめのものということで、レトロなデザインが可愛い。

掃除機のホースを支えてくれるアイテム。「こんな便利なものがあるのか！」と感動。「Leroy《ルロワ》 Merlin《メルラン》」などのホームセンターで手に入るそうで、日本でもニーズがありそう。

空間をすっきりとみせる
アーティスティックな
色使いの家

アン・カゼーさん｜Anne Kaszer
マーク・ジョアウィさん｜Marc Giaoui

　元はアトリエだったという広いスペースに、手作りの本棚やチェストを配し、アーティストらしいオリジナリティ溢れる空間を演出したアンさんとマークさんご夫婦のお宅。アンさんは服飾デザイナーという職業柄、色へのこだわりは人一倍強く、リビングは白とベージュでまとめ、キッチンは淡いブルーでトーンを組むなど、色を統一することでさらにまとまりのある印象になっています。そんな色への愛着は収納にも活かされていて、食器やリネン類は色ごとにまとめるというアプローチも。

　視界にモノが見えすぎない、スッキリした空間がお好きなアンさんとは対照的に、旦那さまのマークさんはアンティークをはじめとして、とにかくモノを収集するのが大好き。そんな夫婦の意見の違いも、「見せるモノは見せる、しまうモノはしまうというルールを決めて折り合いをつけている」そう。

　「すべてのモノに住所を定め、使うたびに住所に戻す」という片づけの基本ルールがきちんと実践されているから、この美しい空間が保たれているようです。

　「空間と頭の中はリンクしている。だから部屋は整えておきたいし、飾りすぎない」と心がけているとのこと。

Anne Kaszer アン・カゼーさん
Marc Giaoui マーク・ジョアウィさん

年齢／職業　56歳／服飾デザイナー、58歳／医者
住居　アパルトマン2階、持ち家
間取り／広さ　3LDK＋納戸／190㎡
家族構成　2人（アンさん、マークさん、）
居住年数　12年

奥様のアンさんは自身のファッションブランド「アン・カゼー」を持つデザイナー。旦那さまのマークさんはドクターで、さらにグラフィックデザイナーの仕事も。最近は、ベルリンにもアパルトマンを購入し、改装に夢中だそう。
http://www.annakaszer.com

上からではなくサイドから中身が出し入れできる、日本ではあまり見かけないタイプのファイルボックス。パリ市の図書館でかつて使われていたモノらしく、100年くらい前のモノとか。棚に入れたままでも、中身を出すことができる優れもの。

トイレ
ランドリー
キッチン
リビング
アトリエ
ベッドルーム
トイレ
ベッドルーム
事務所
入口

思考の妨げになる煩雑なモノはすべて排除

Living room
リビング

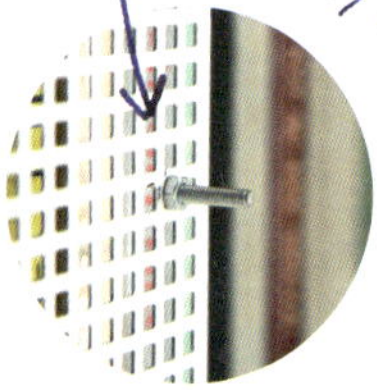

メッシュ素材のスチールを木枠に組み込んで作ったDIYの本棚。メッシュ素材を使うことで空間に圧迫感をもたせないという工夫が。

蚤の市で購入したレコードケース。マークさんがコレクションしているレコードはDIYの棚に収納しているけれど、気に入った絵柄のレコード数枚をここに納めてインテリアのアクセントに。

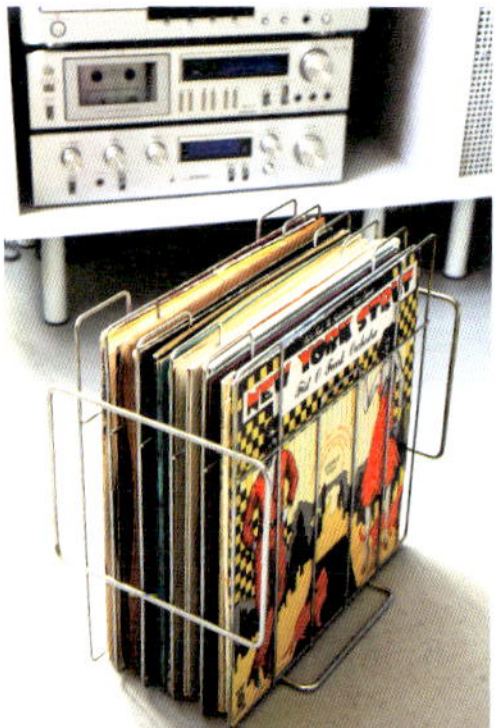

大きなソファが置かれたリビングは、白ベースの中にグレー、ベージュの絶妙なニュアンスがあり、緑も多く目に入るのでとても居心地がよい空間。ご自慢のDIYの壁面収納は大容量ながら、白くペイントされているからまわりのインテリアと馴染んで圧迫感がまるでありません。ソファはコンテンポラリーでミニマルなデザインを得意とするパリのブランド「ロッシュ・ボボア」のモノ。「ここは、私の仕事場でもある空間なので、思考の整理の邪魔にならないインテリアを心がけているの」とうれしそうに話すアンさんが印象的でした。

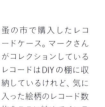

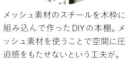

洋服作りの際に使うトルソーもインテリアの一部のように配置。丈の長いプラントをあえて高い位置に置いて天井まで配し、リビングスペースとアトリエスペースの仕切りの役割に。

マークさんのコレクション。様々な時代の美しい呼び鈴やベルたち。戸棚の中に釘を打って、引っかけて見せる収納を。

元アトリエだったというスペースだけに、窓も大きく、採光も十分。無造作に置かれた大量のスケッチブックも、空間とマッチしているから様になります。

Atelier and Storeroom

アトリエと納戸

掃除用品は玄関近くの棚に収納。細長い三角形という、収納しにくいスペースを、フックや壁かけタイプの収納、小さな棚を取りつけて有効活用しています。バケツやほうき、洗剤など、誰が見てもわかるそれぞれのモノの置き場所がしっかり決まっているのがよい。掃除は週に2回、2時間かけてファム・ド・メナージュ（時間制のメイドサービス）が担当。フランスではファム・ド・メナージュに掃除を依頼するケースは珍しくなく、掃除機がけから床拭き、キッチン、トイレの掃除、窓拭き、アイロンかけと幅広く担当するそうです。

Kitchen and dining room

キッチンとダイニング

ダイニングスペースはアンさんの希望で、モノを少なくしています。「ジャック・イティエ」のヴィンテージのデザインチェアなどインテリア選びにもこだわりが。

パープルがかったブルーでまとめられたキッチン。写真ではわかりにくいけれど、冷蔵庫も同じトーンになるように自分でペイント。

オープンタイプのキッチンでは、よく友人を呼んでディナーをするそう。普段の細かいお掃除はアンさんがする分、お料理にはマークさんも積極的に参加。フランスでは、自宅に友人を招いてのディナーが頻繁だそう。

吊り戸棚の中に収納された食器も、色や形状ごとに美しく分類されています。「新しく食器を買うときも、すでに持っているモノと色が合うか、ハーモニーも考えて買うと決めているの」とアンさん。

蓋に名前を書き「見える化」

引き出しにまとめられたスパイスは、蓋にシールを貼り、中身を明記。「見える化」が徹底されています。欲しいものを探さずすぐに使うための小さな工夫。

見える化!

お気に入りのモノほど日常使いする

パリだけでなく、もう1軒の家があるベルリンや、旅行先でも、蚤の市を巡ることが楽しみのひとつというマークさん。掘り出し物のアンティークのカトラリーも、大切だからといってしまいこまず、日常的に使うことにしたのだとか。

シャンプー、ボディーソープなどのケースも白と黒に統一するというこだわりぶり。チューブのものは容器に入れてひとまとめに。

Bathroom
バスルーム

モノトーンでコーディネート

洗面台の脇にはプレートを置いて、普段使うアクセサリー置き場に。

洗面台の下にはダミエ柄のボックスを置いて、普段使いのタオルを収納。ハンドタオル、フェイスタオル、バスタオルなど、すべてのタオルの色を白で統一。

バスタブ脇に収納ケースやバッグを置いて、ポケットの中の小銭など細々したものを入れるように。色をモノトーンで揃えてすっきり見せるのがアンさんのこだわり。コスメやグルーミング用品などで、ごちゃついた印象になりがちな空間を、美しく整えていました。

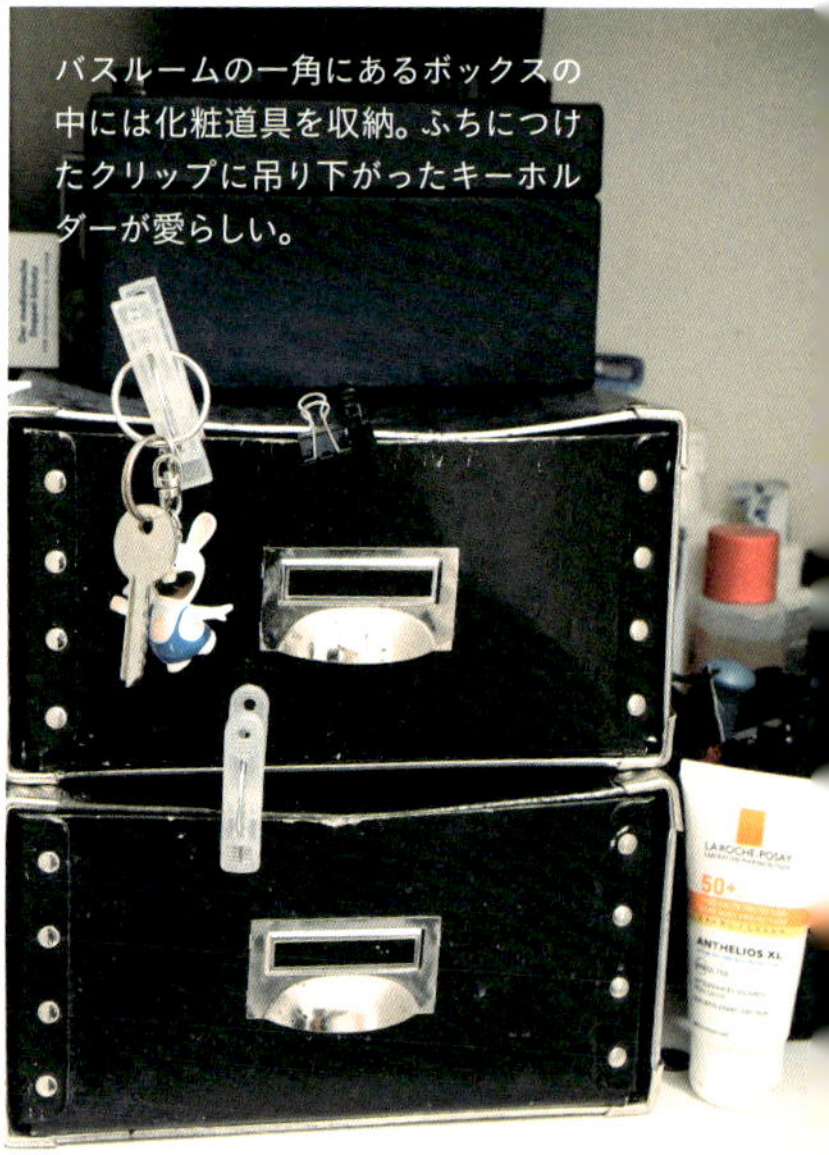

バスルームの一角にあるボックスの中には化粧道具を収納。ふちにつけたクリップに吊り下がったキーホルダーが愛らしい。

Bedroom

ベッドルーム

白い収納棚に収められた本や服は、同じく白いカーテンで目隠し。閉じると全体がフラットになりスッキリした印象に。

ベッドは高めに設置して、2段収納できる引き出しを。収納力たっぷりのこの引き出しの中に、マークさんの衣服や希少本の版画などのこだわりのコレクション類を保管。

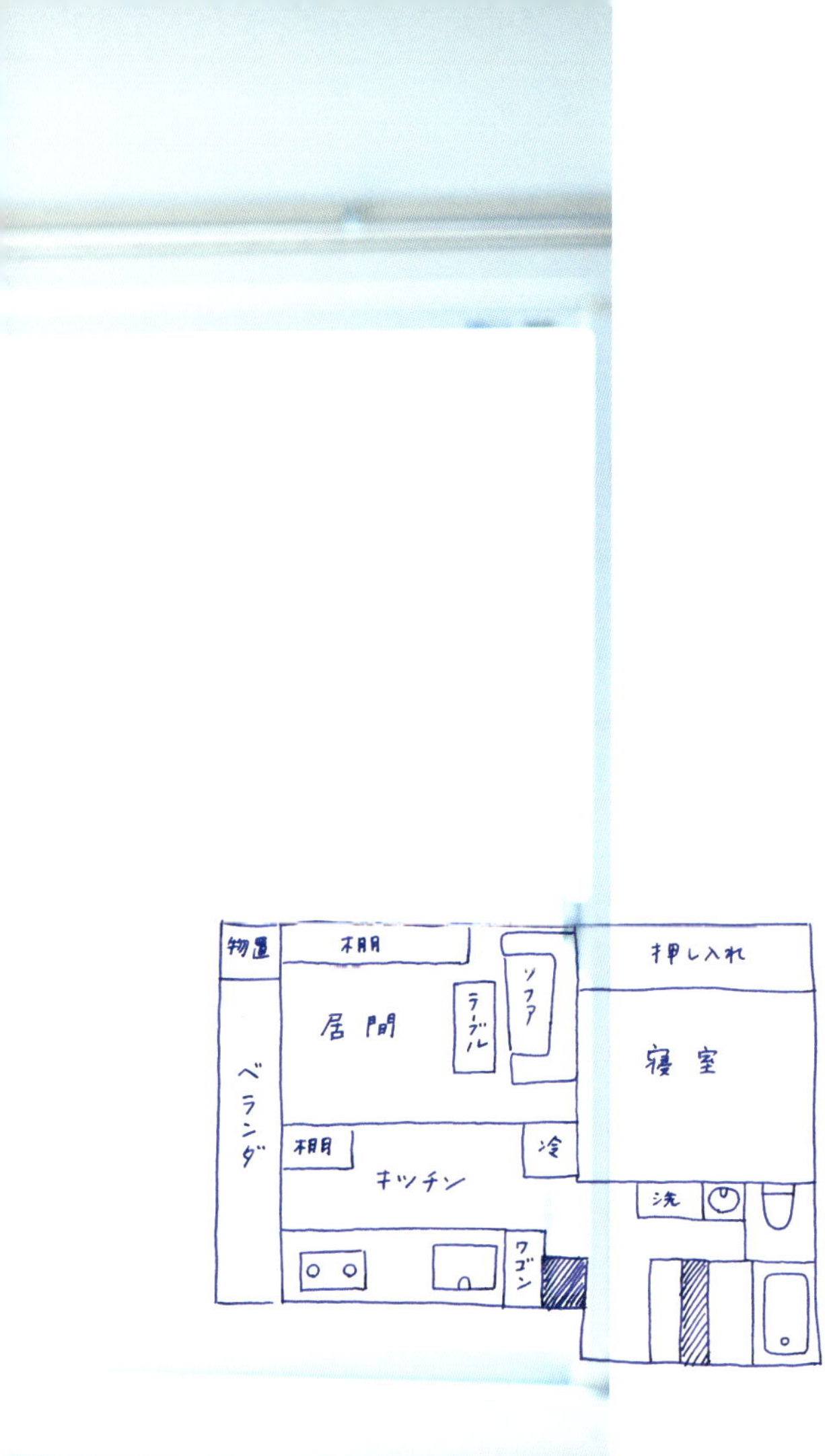

本多家の整理収納基本の考え方

本多さおり | Saori Honda

私の住まいは、築40数年・間取り2Kの集合住宅です。結婚を機にこの慎ましい家に移り住んで以来、いかにこの空間を活かして快適でラクな暮らしを営むかを追求してきました。広い家でも同じですが、狭い家なら尚のこと、収納の工夫がとても大きな課題となります。

昭和の香り漂う我が家にあるのは、今風のモノより一回り小さなサイズ感の台所や、奥行きの深い巨大な押し入れ。ほかにある収納といえば玄関の靴箱だけです。狭くてもゆったりと暮らしたいから、部屋に大きな収納家具を置くことなく、備え付け収納だけですべてをまかないたい。

そのために必要不可欠なのは、収納や生活動線の試行錯誤の繰り返しです。一度収めてみたあとも、「こうしたらもっとラクに取れるんじゃないか」「スッキリと気持ちよく収まるんじ

ゃないか」という手を止めないこと。なぜなら、実際に生活してみて初めてわかることもあれば、生活や年齢の変化とともに適した収納や動線もまた変化していくからです。

今ある我が家の姿は、試行錯誤の結晶であり、同時にこれから改良を続けていく成長過程でもあるのです。

本多さおり

年齢／職業　31歳／整理収納コンサルタント

住居　アパルトマン3階、賃貸

間取り／広さ　2K／40㎡

家族構成　2人（私、夫）

居住年数　5年

築40数年になる2Kの社宅に夫婦ふたり住まい。2部屋とも和室、収納は押し入れのみという条件の中、ラクに片づく収納システムの構築に余念がない。今年家族がひとり増えることにより、収納スペースと家事動線を見直すことに。

我が家のキッチンの収納道具すべて

シンク上

ニトリ

ラックとして使用しているウォールシェルフ（幅60cm）

ホームセンター

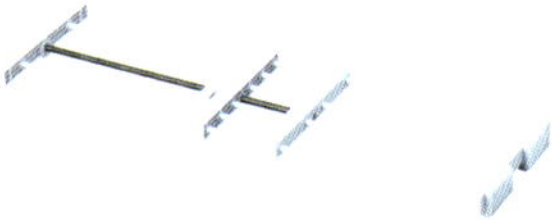

2段収納に使っているつっぱり棒

IKEA

普段使いをしない食器類、花器などを収納。VARIERAボックス（W24×D17×H10.5cm）

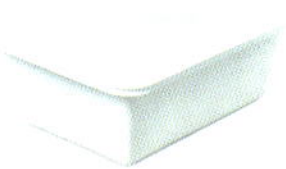

紙コップや割り箸などを収納（廃盤）

シンク下

IKEA

薬箱内の仕切り

ショップの紙袋を隙間収納。PLUGGISマガジンファイル（H7.5×D24×H32cm）

100均

A4ファイルスタンド。扉裏にコマンドタブで張り付けて1軍用品を収納

無印良品

保存容器と薬、お弁当箱、水筒を収納。PPケース引出式深型（W26×D37×H17.5cm）

キッチンツールを収納。PPケース引出式ハーフ深型（W14×D37×H17.5cm）

水出しコーヒー器具を収納。PPメイクボックス（W15×D22×H16.9cm）

薬箱内の仕切り。PPメイクボックス1／2横ハーフ（W15×D11×H8.6cm）

吊り下げ棚

無印良品

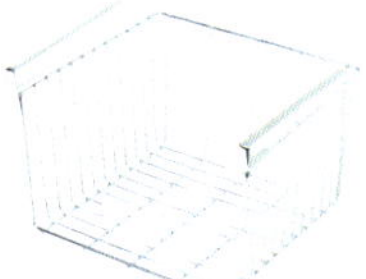

ステンレスの吊り下げラック。グラス収納兼水切りに（廃盤）

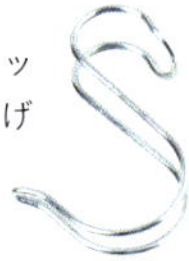

コーヒードリッパーを吊り下げ（廃盤）

100均

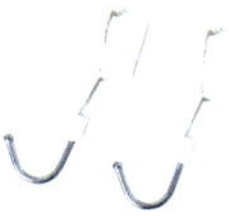

ピーラーと柄付きスポンジを吊り下げ

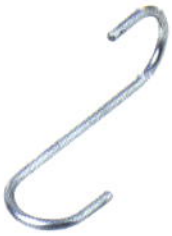

棚のふちにひっかけてまな板を吊り下げ

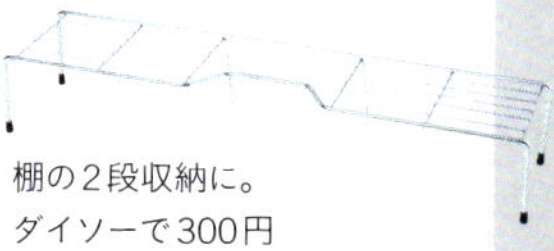

棚の2段収納に。ダイソーで300円

ホームセンター

鍋敷きを吊り下げ

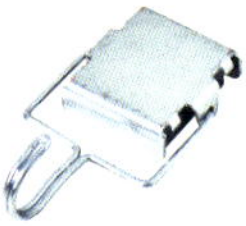

はさみを吊り下げ

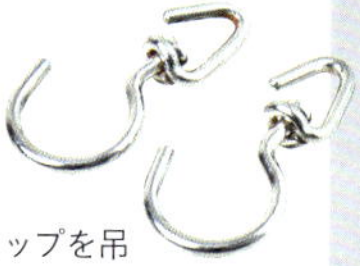

よく使うカップを吊り下げ。「BOLTS HARD WARE STORE」オリジナル

引き出し

無印良品

箸置きなどの細々したものを収納（廃盤）

キッチンツールをまとめて。PP整理ボックス4（W11.5×D34×H5）

100均

短いカトラリー類、豆皿、お弁当の間仕切りなどを収納

長めのカトラリー類を収納

その他

プリンの空き容器。菓子ようじをまとめて

コンロ下

無印良品

フライパンを立てて収納。PPスタンドファイルボックスA4用（W10×D27.6×H31.8cm）

瓶ものなどをまとめて。PP整理ボックス3（W17×D25.5×H5）

IKEA

扉裏に100均で買ったザルを吊り下げ。LILLÅNGEN ハンガー

ネット

鍋蓋を収納するためのハンギングラック

扉裏に吊り下げて調味料などを収納

調理台下

無印良品

消耗品類を収納。PP追加用ストッカー（W18×D40×H21cm）

①工具、洗剤を収納。PP追加用ストッカー（W18×D40×H21cm）

②PP追加用ストッカー深型（W18×D40×H30.5cm）

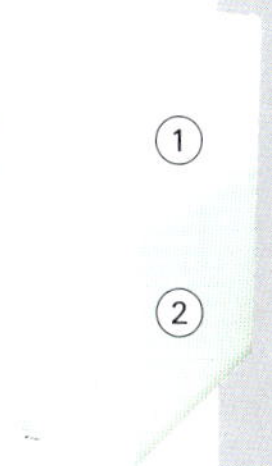

100均

扉裏に吊り下げてウエスを収納

ケーブル結束金具。上の白い容器を吊り下げるのに使用

ネット

扉裏に吊り下げてジップロックなどを収納

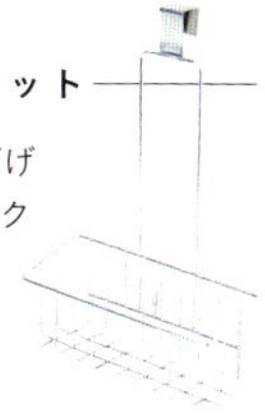

かけ収納

IKEA

レジ袋、ふきんを入れた布バッグを吊り下げ。GAUNDTAL S字フック

ホームセンター

シンク下の扉に付けて、「排水溝ネット」を入れた布バッグを吊り下げ

シンク

無印良品

スポンジ、ハンドソープ、食器用洗剤を（廃盤）

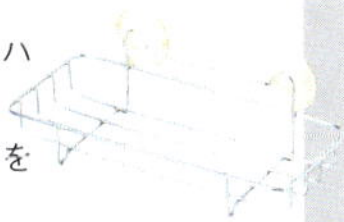

ホームセンター

シンク内に付けて、たわしを吊り下げ

コンロ

無印良品

レンジフード内側にトングを吊り下げ。アルミフックマグネットタイプ小

IKEA

鍋、フライパンを吊り下げ。GAUNDTAL S字フック

収納用品を上手に使って モノを〝出しやすく、しまいやすい〟キッチンに

とある散らかりがちな部屋に住む知人は、「収納用品を3つ買えば、モノが3つ増えるのだからさらに散らかる」というのが信条でした。床面に直にモノを並べたり、モノの上にモノを重ねたり……結果、奥のモノが「出しにくい」「しまいにくい」「見えないため忘れる」「忘れて買い足して物量が増える」、さらには「モノが迷子」「探し物がストレス」という悪循環に。

　もし収納用品を導入しても散らかってしまったなら、それは適した使い方ではなかったということです。そこであきらめずに、その経験を活かして「じゃあこうしてみよう」を続けていけば、絶対に使いやすい収納になっていくはず。収納用品を上手に活かせば、収容量が増えるだけでなく、奥のモノも出し入れしやすくなる、モノの定位置が明確になるなどたくさんのメリットがあるからです。

　一方で〝収納好き〟の人が陥りやすいのが、「きれいに見せるため」「隙間を埋めてモノをしまうため」に収納用品を用いること。けれどそこに集中してしまうと、「細かいモノでも、奥にあるモノでも取りやすくする」という本来の目的を見失ってしまいます。収納用品は、何より取りやすさを主眼にして使うことがポイントです。

実践！ 整理収納5ステップ

放置しない

欲しいモノがすぐに取れない、探し物ばかりしている、散らかりやすい……家の中にそんな場所はありませんか？ まあいいや、と放置している期間が長くなるほどモノの滞りや汚れは積み重なり、さらに見直しにくくなっていきます。気の重さは、放っておいても決して消えることはありません。見て見ぬふりをせず、今すぐに向き合うのが一番ラクな道です。

全部出す

食器棚、本棚、クローゼット――収納内にあるモノ（別の場所に同類のものが散っているならそれも）をすべて出すことで、同じモノを複数持っていた、使っていないモノがあった、あるのを忘れていた等々、自分のモノとモノの持ち方を目の当たりにし、把握することが大切です。

分類する

よく使う1軍のモノ、ときどき使う2軍のモノ、ほとんど使っていないモノと、使用頻度によって分類。使っていないモノで「今後も使わないな」というモノは処分、「もっと使いたい」というモノは取りやすい場所を定位置にします。捨てるのを迷うモノは、風呂敷などに包んで半年〜1年寝かせることで腑に落ち、手放しやすくなります。

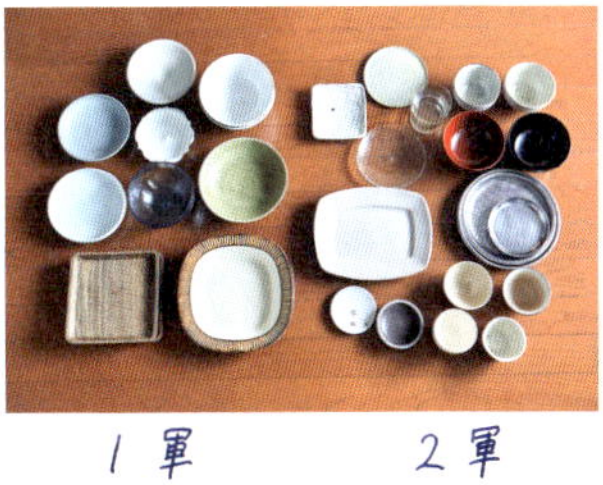

1軍　2軍

実践！整理収納5ステップ **収める**

シンク上

定位置がはっきりとしていないがために、さまざまなモノが混在。高い吊り戸棚の奥には手も目も届きにくく、モノを死蔵させてしまいがちです。
Ⓐ使ったモノを戻す定位置がないため、同じ種類のモノがあちこちに。
Ⓑ奥に何があるのかまったく見えない。
Ⓒ戸棚の半分も空間を使えていない。

▼

①たまにしか使わないアウトドア用の食器や、スタンバイ中の花器などをケースに入れて吊り戸棚の最上段に。定位置がはっきりとしてモノを見失わないうえ、見渡しにくい最上部でも箱ごと取って選びやすい。

②ラックを使って高さを出すと、手前の器で隠れることなく奥の器も目に入りやすくなります。目に入るということは、使う機会を増やすということ。

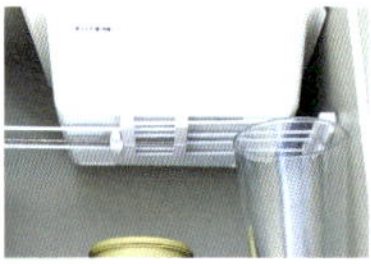

③突っ張り式の棚を渡して、吊り戸棚上部のデッドスペースを活用。中身は紙コップなど。

吊り下げ棚

モノをモノの上に重ねてしまうと、下のモノが取りにくくなってしまいます。
Ⓐ空いている空間にモノを突っ込んでしまうと、なだれを起こす原因に。
Ⓑ手前にどんどん使ったモノを置いてしまっているため、器のほとんどが取りにくい状態。
Ⓒ収納用品に適さないサイズと量のツールを立てると倒れやすい。取りづらく、戻しにくい。

▼

Ⓓシンクの上に吊り下げ収納兼水切りかごを設置して、グラスの定位置に。
Ⓔフックをつければ、どこにでもモノをワンアクションで取れる"吊るす収納"が可能。
Ⓕラックを置いて2段にすることで、器の1軍用"取りやすいスペース"を増設。

バリでも吊り収納発見！

①よく使うマグを、ラック横に吊り下げて収納。シンクの近くにウォーターサーバーやコーヒーセットがあるので、ほとんどその場から動かず淹れることができます。

調理台下

床面しかモノを置く面積がないため、モノが積み重なって見えないモノだらけです。
Ⓐ段ボールなどの空き箱に入れる場合は、中身を明示して。
Ⓑ調理器具もカビ取り洗剤もいっしょくた。

Ⓒ引き出しの上が棚代わりになり、よく使うボウルがしゃがみこまずに取れる高さに。

①何のストックをどれだけ持っているのかすぐに把握できるよう収納。過剰なストックはスペースの無駄遣いです。

左から「洗剤類」「工具」「布巾やラップのストック」。洗剤類は、床に直置きするよりトレイやケースに入れると液だれしても安心です。

②扉裏に吊り下げバスケットをつけて、ジップロックなどの袋物を入れています。上から取れて便利。こまごま掃除ができるように、吊り下げミニボックスにウエスを準備。

シンク下

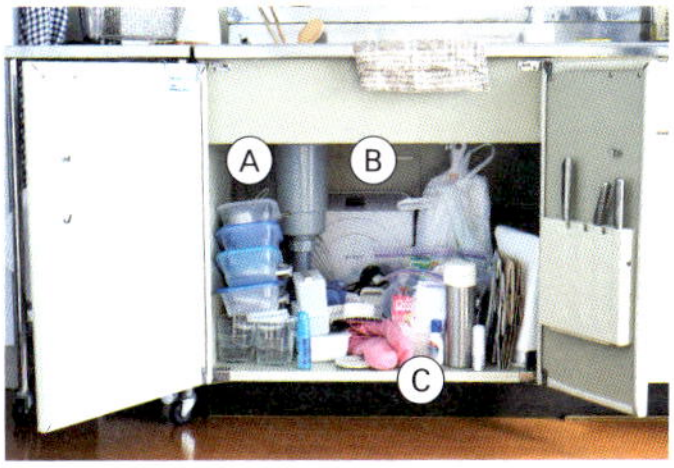

キッチンには、形状も用途も材質も多種多様なモノが集まっています。ただ突っ込んでいるだけだとなだれを起こして、奥で迷子に。
Ⓐいつ崩れてもおかしくないタッパー。
Ⓑ奥のIHはもう取れる気がしない。
Ⓒ何の部品だかもうわからない。

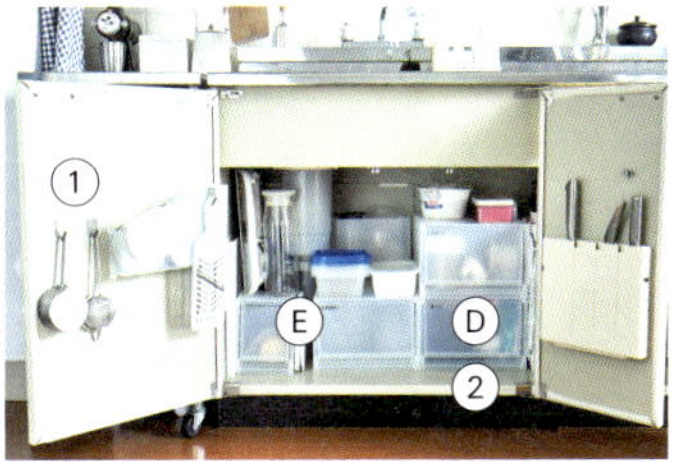

Ⓓ引き出しごとに種類を分けて、所在を明瞭化。
Ⓔよく使うタッパーは引き出しの外に置いて。

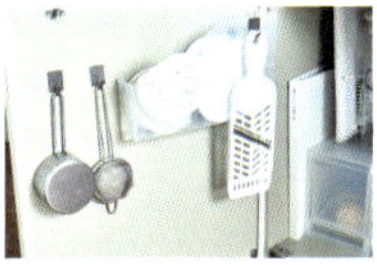

①フックやケースを設置することで、扉の裏が収納スペースに。調理中にさっと開けて取ることのできる、実は1軍にもってこいの定位置なのです。

②引き出しを開ければモノのほとんどすべてが見渡せる状態に。引き出しの中でも、モノの上にモノを重ねると、下が忘れられてしまいます。

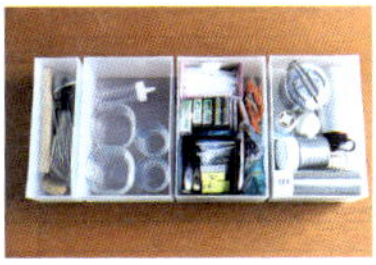

左から「出番の少ないツール」「ガラスの保存容器」「薬」「お弁当・水筒」。引き出しにラベリングしてあり、必要なモノのありかが一目でわかる。

コンロ

毎回使うツールは厳選の上、見せる収納も兼ねて出しっぱなしに。

①以前は大きめのスチールスタンドに1軍ツールをすべて立てていましたが、今は計量スプーンや短い菜箸など小さいものに限ってグラスに。見た目のスッキリ感とともに、スペースを確保。

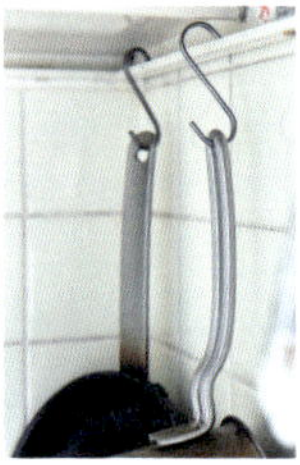

②毎日のように使うフライパンと小鍋は吊るして外に出しています。手を伸ばすだけで届くのが何よりラク。

引き出し

数々の改変を重ねて、今最も使いやすい状態の引き出し。これまでスチールスタンドに立てて外に出していたお玉などを右端に入れました。ツールを使うたび引き出しを開け閉めする必要が生じましたが、見た目を気にせずざっくり入れられて○。

コンロ下

鍋類は形状がまちまちなので、出しやすく、しまいやすく、省スペースに収納するのが難しいモノ。鍋蓋も、重ならず自立せずで悩みの種になりがち。

▼

Ⓐ中は液体調味料。液だれしてもいいように、紙袋の底にキッチンペーパーを敷いています。

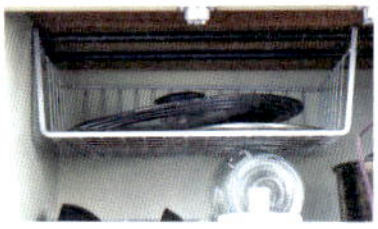

①突っ張り棒を2本渡してラックを吊り下げました。鍋蓋の定位置に。

②ファイルボックスを寝かせてフライパン収納に。フライパンを重ねず、ひとつずつボックスをあてがうことで、スッと出し入れできます。

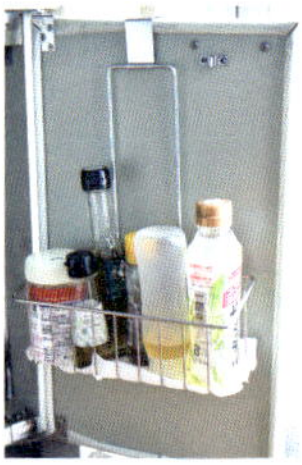

③コンロ下の扉裏にも吊り下げラックを。胡麻油など、料理中にさっと出し入れできる位置。

実践！
整理収納5ステップ

可視化する

引き出しの中。スパイスや乾物を瓶に詰め替えて、上から見えるように内容をラベリング。詰め替えるひと手間が、使う時の便利とスッキリとした収納を生み出します。

オープンラック引き出しを閉じたところ。パッと見て何が入っているのかわかれば、思い出したり探したりする時間や労力を使わずに済みます。

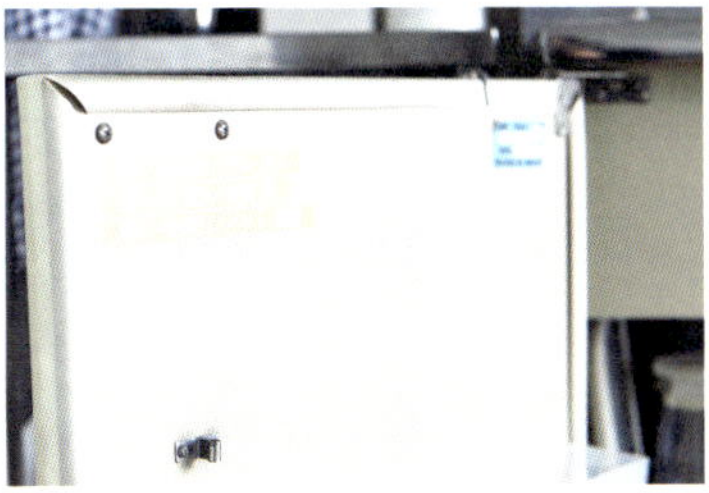

シンク下の扉裏に、分別ゴミの出し日を見える化。毎回市報を引っ張り出さなくてもいいように。

シンク

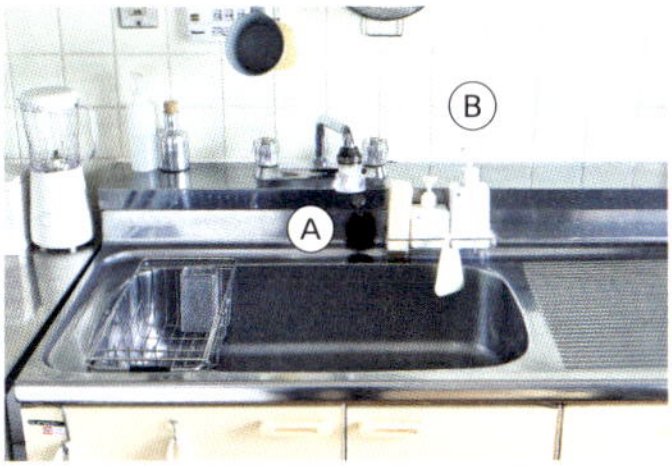

ラックでまとめると、スポンジ等の水切れもよくなり清潔度アップ。接地しているモノが少ないと、拭く際にいちいちどける必要がないので、掃除がラク。
Ⓐ吸盤式フックを利用してたわしも吊るす
Ⓑ白で統一していると、目に見える場所でも雑音になりにくい。

かけ収納

シンク下の扉にお気に入りの布バッグを下げて1軍消耗品を収納。

左から「レジ袋」「布巾」「排水溝ネット」。右の細長い布袋を見つけたときは、飛びつきました。

キッチンの壁に「コマンドタブ」でフックを取りつけました。エプロンやマルシェバッグをかけたり、パリ土産のローレルを吊るすのにも便利。

押し入れのプチ断食

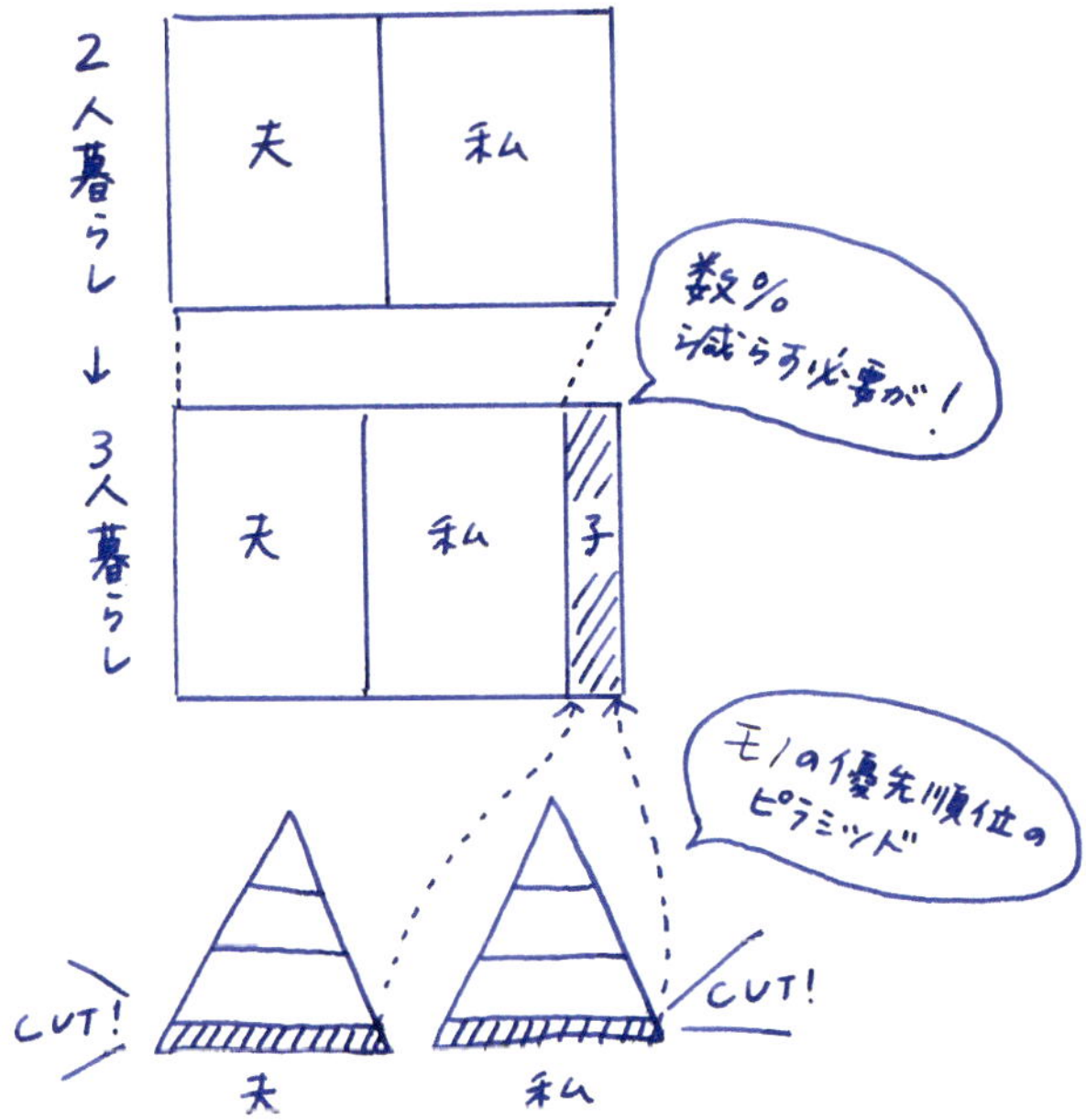

私事ですが、家族が増えることになりました。もちろん、家族が増えてもうちの面積が増えるわけではありません。今ある限られた収納の中で、子どもの分のスペースを捻出しなくてはならないのです。

子ども用のタンスや収納家具も世間では数多く扱われていますが、〝子ども用〟となると使うのは一瞬です。汎用性も薄く、モノに合わせた収納ではなく、収納に合わせてモノを入れる羽目に陥りがち。収納家具によって居住空間を狭めるのも、人数が増えるのに本末転倒です。できれば収納を増やすことなく、今ある収納でまかなえないかを考えるのが得策だと思いました。

そのためには、夫婦二人のモノを減らす必要があります。それぞれの持ち物に『大切度』『プライオリティ』をつけてみると、下に行くほど「使っていない」「忘れていた」モノであることがわかりました。それらを処分した結果、引き出し2段分のスペースが空いたのです。これからここにどんなモノを入れるのか、何が必要になるのか……それは、最低限の準備品以外は実際に必要と感じてから選んでいきたいと考えています。

今回パリを訪れて、皆さんモノを買うときも、拾ってくるときさえも、必ず自分のこだわりを貫いていることが印象的でした。そしてどれも大切に、永く使っている。妊娠・出産ともなると身のまわりに情報が溢れ、「あれ買っておけ、これ買っておけ」というプレッシャーの大きさにびっくり。それでも、自分にとって、家族にとって本当に必要なモノだけを、まわりに流されることなく選んでいきたいと改めて思わされました。

手放したモノリスト

私

服 12着

パーティなどで着るかと取っておいたブラウスや、着回しのしづらい服、着心地の悪い服など出番がほとんどないもの。

靴 4足

サンダルは、冷え取りを始めたため。スニーカーは、靴ひもが面倒で。葬祭用パンプスは、古びたので。初のオーダーシューズは、ヘビーに使ったりとボロボロになったので、海外出張のときに履いていって現地で手放しました。

スポーツウェア

高校生のときに着ていたジャージ。思い出深いので捨てられなかったけど、充分味わったなと腑に落ちた。

本と雑誌 20冊

もう読まない本や、掲載していただいた雑誌の該当ページを切り抜いたものなど。

仕事道具、過去の資料

文字を打つダイモは、テプラがあればまかなえるので処分。一度も使わなかった壁の向こう側を測るセンサーも。

ポーチ 5つ

ポーチ好きなのでつい集めてしまった。掲載していただいた雑誌の付録も多い。

パスポートケース

思い出があったので取っておいたが、しばらく海外に行く予定もなく。

空き箱

収納に使えるかな？ と取っておいたもの。常に1〜2個取っておいたが、この習慣自体をやめた。収納用品でまかなえる。

夫

服 4着

古びていたので。

本 5冊

もう読まないから。

仕事道具

勉強用の参考書など、もう使用済み。

＊夫にモノを減らしてもらうときにも、モノがまとまってケースなどに入っていると便利。「減らして」というだけではなく、ケースごと目の前に置いて「本当に必要なモノだけ選んでね」と言うとその場で選び始めるもの。こちらが想像する以上に思い切りがよかったりして、拍子抜けします。

部屋の収納は押し入れのみ！
本多家の空間活用術

我が家の収納はこの押し入れと玄関の靴箱だけなので、ここに生活に必要なモノほとんどを、使いやすく収める必要があります。押し入れは奥行きが深いため、ポイントは目と手の届きにくい奥をどう使うか。しまったはいいけれど出せないのでは意味がありませんから、腕一本入る隙間を作る、手前をスライドすれば奥が見えるなどの工夫も必要です。

問題点を見つけ出しては考え、実践しながら試行錯誤を繰り返した、私のラボラトリーのような場所です。


Ⓐ天袋にはシーズンオフの衣類、すぐには使わないスポーツウェア、思い出の写真などを収納。

Ⓑ衣類の引き出しのすぐ横に、ふたり分の服を吊るすフックが。私は押し入れに入らない丈の長い衣類を、夫は帰ってきたらスーツを。

Ⓒボディクリーム、デオドラント用品などを入れたラタンボックス。着替えと同時にケアも完了。

Ⓓ空きスペースがあると、大きな荷物が来たときの一時置きとして活躍。収納の中が空いていても、何も詰めなくてもいいのです。

Ⓔ扉は取り払ってカーテンに変更。アクセスしやすい場所が増えると同時に、部屋の圧迫感を減らしてくれます。

①突っ張り棒を縦に渡し、手前に置いた押し入れハンガーと交差させています。手前によく着る服を横並びに、奥には季節外のものを縦並びに。

②押し入れハンガーに、小物ホルダーを吊るし、靴下やベルトを放り込んでいます。数が少ないので選ぶのもラク。

③突っ張り棒を縦に渡し、引き出しの奥に礼服などめったに使わない服を吊るしています。いざ必要なときにすぐ出せるよう、タグをつけて存在をアピール。

④引き出しの中に仕切りケースを入れ、服を立てて収納。ケースを入れることで隣の衣類と干渉せず、スムーズに出し入れできます。上から「タイツやレギンス（ケースサイズ小）」「マタニティ用のレギンス等（大）」「ブラトップ等（小）」。入れるモノに合わせてケースを選びます。

夫婦それぞれのパジャマ入れ。脱いだら放り込める場所を作っておくと、脱ぎ散らかしを防げます。部屋なじみのいい布製ボックス。

引き出し横のデッドスペースに「コマンドフック」を貼りつけ、夫の帽子をかけました。以前の場所は、服を取るときに干渉して帽子が落ちてしまうことも。

無印良品の収納ボックスを2台、手前は前向きに、奥のは横向きに置くことで2面からアクセスできる資料スペースに。

本多家収納 最近の更新ポイント

手前のボックスの側面から帽子が消えたので、部屋にかかっていた夫のカバンをここに収納。

元はメイク入れや文具入れとして使っていた「IKEA」のカトラリーボックス。今は右が名刺、左がインクやマステのストック。押し入れの資料ボックスに入れてみたらぴったりとハマりました。

押し入れの右下でカバンなどを入れていた3段の引き出し。普段いるスペースに近い左側に移動させ、子ども用の収納に。

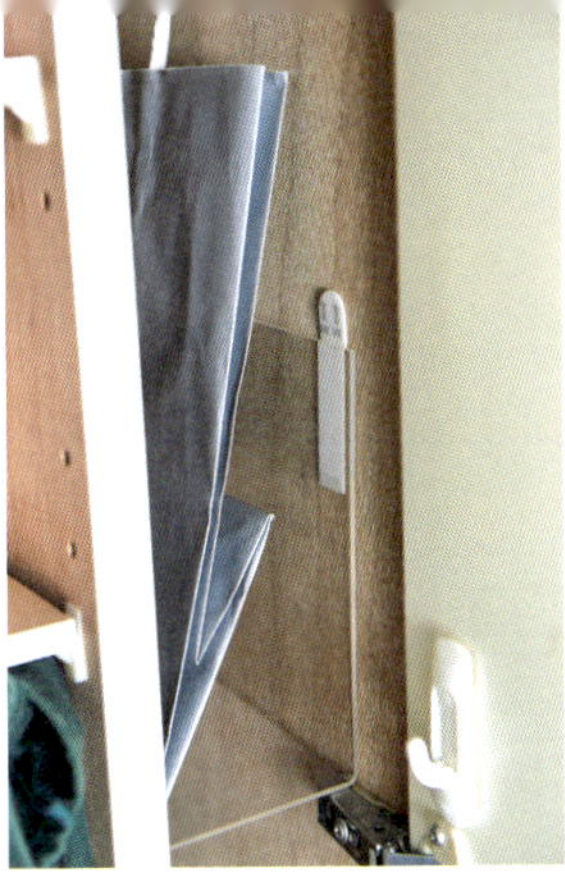

①出がけに入り用なりがちな紙袋は玄関に。傘スペースの上に生じるデッドスペースにアクリルの仕切りを貼りつけ、紙袋用の簡易棚にしました。

②冠婚葬祭用などたまにしか出番のない靴はシューズケースに収めて、その上面にほかの靴を置けるように。

③突っ張り棒を2本渡せば、1区画に収容可能な靴の量が2倍に！ ただしローカットのものに限ります。

貴重な備え付け収納のひとつである靴箱は大切な存在。靴だけに占有させておくわけにはいきません。時々しか見ない本や雑誌、CDのほか生活用品のストック、ジムに行くときの装備や防災袋もみなここに。そのために靴は厳選して量を減らし、省スペースで置ける工夫をこらしています。

　左側の縦一列は靴好きの夫ゾーン。一番上の目のつくところにボックスにまとめた靴磨きセットを置いて、靴のケアを促しています。

狭い家だからこそ、
小さな変化で
大きな効果があります！

暮らしの変化に応じて、家の動線を見直しました

この先、新しい家族が加わったらどんな暮らしになるのか、想像もつかない妊娠中の今。とにかく動きやすい、快適に過ごせる空間を作っておきたいと動線を見直しました。

まず考えたのは、育児に必要なスペースの確保と、育児に時間を取られる分仕事の時間が減るであろうこと。その結果、PCデスクを切り捨てることにしました。実はこれまで〝家具を減らす〟というアイデアは自分の中にありませんでした。実際に減らしてみると、家全体の家具の配置の可能性がぐんと広がったのです。

「今までこうしてたから」という既成概念にとらわれないことの大切さを、また改めて感じた瞬間でした。

変化 1

窓側にあったローテーブルを壁側にシフト。洗濯物を取りこんで置いても圧迫感のないスペースを確保できました。最短距離で布団を干せる動線ができたのは思わぬ収穫。これが想像以上に快適！

変化 2

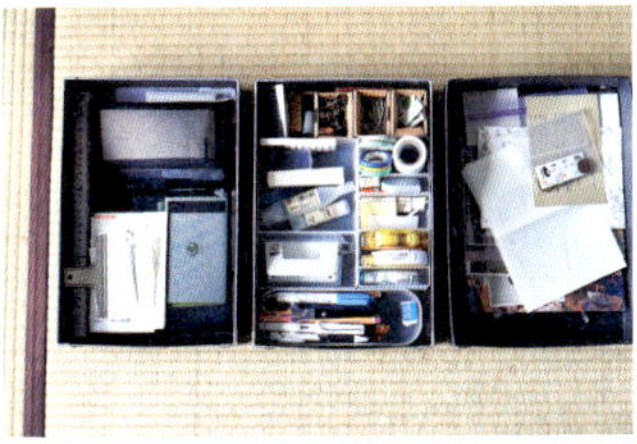

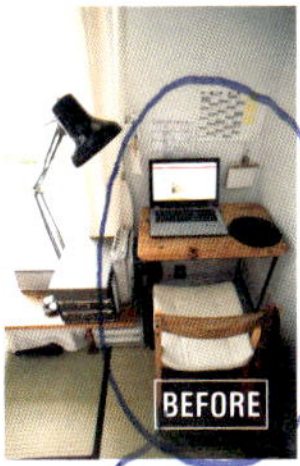

左2つは引き出し。紙モノはクリップやメッシュポーチにまとめ、細かい文具は仕切って定位置を。右は引き出しの上にのせた「一時置き」ボックス。1カ月に一度は見直して、処分したり、定位置に収めたり。「無印良品」の硬質パルプシリーズは、丈夫さと質実剛健な見た目で気に入っています。

以前はPCデスクから手の届く位置に配していたファイルボックスを、次なる作業場となるリビングテーブルから手の届く位置に。「次なる」とは言いながら、実は以前のPCデスクは小さすぎて、こちらで作業することが多かったのです。

変化 3

ローテーブルの移動に伴い、窓横の細いスペースに設置していた木製ボックスも移動。ボックスの横面が使えるようになったので、以前は鴨居にかけていたアクセサリーを。また、ボックスがあったところに突っ張り棒を張って、私のカバンを吊るしました。カーテンがいい具合に目隠しに。

おわりに

整理収納コンサルタントという仕事柄、これまで日本のお宅には２００軒以上お邪魔させていただきました。他人のお宅なのに、引き出しの中や、押し入れの奥にしまわれた箱の中身をひっくり返すのが日常茶飯事。そんな私がフランス人のお宅へ伺って、収納の中身まで見せてもらえるというすごい機会をいただきました。

どのお宅にも、家の中に足を踏み入れた瞬間から感じる「住人の色」がありました。その人らしいモノのしまい方、オブジェの置き方、大事にしているアイテムにまつわるストーリーがあり、家全体がその人らしさを物語っているような気配があるのです。誰の真似でもない、「私が好きだから」「私が気持ちいいから」という感覚で、ご自身の工夫とセンスを散りばめ作られた空間。どちらかというと流行りを好む日本人とは違い、フランスでは人と違う「自分らしさ」こそが魅力ととらえられる背景が、「なるほど、こういうことか」と肌で感じられました。

そしてこの取材中とても感銘を受けたのは、みなさんが本当にモノを大切にしているということ。誰かが手放した古い家具を引き取って活用したり、何十年も前の木箱を再利用して収納用品にしたり。古いモノにもちょうどよい働き場所や役割を与え、再び息を吹き込むセンスには、脱帽するばかりでした。

帰国後、私は取材した方々の暮らしぶりに感化され、自宅の模様替えやモノの整理、収納の見直しに燃えました。手をかければかけるほど、家への愛着は増すばかりです。この本を手に取ってくださった方々にも、ご自分の家を愛でたくなる効果が現れますように。

STAFF

デザイン　仲島綾乃（文京図案室）

写真　Yolliko Saito、荻野雅代（p.80-91）、林ひろし（p.108-125）、
福岡 拓（p.120、p.122-125のbefore）

執筆協力　森田浩之（p.24-45、60-69、92-107）、谷 素子（p.8-23、46-59、70-79）、
トリコロル・パリ（荻野雅代・桜井道子）（p.80-91）、矢島 史（p.108-125）

編集協力　印田友紀（smile）

DTP　尾関由希子

校正　東京出版サービスセンター

もっと知りたい
パリの収納

2016年1月8日　初版第1刷発行

監修　本多さおり

発行者　川金正法

発行　株式会社KADOKAWA
〒102-8177 東京都千代田区富士見2-13-3
tel 0570-002-301
（カスタマーサポート・ナビダイヤル）
年末年始を除く平日9:00～17:00まで

印刷・製本　株式会社 廣済堂

ISBN 978-4-04-068024-8 C0077

http://www.kadokawa.co.jp/

本多さおり

整理収納コンサルタント。今まで200軒を超える顧客宅を訪問し、その人の暮らしや性格を第一に考え、頑張らなくても片づけが続く収納方法を提案してきた。自身は築40数年になる2Kの社宅に夫婦ふたり住まい。本書で登場するパリの住宅とは程遠い、ともに和室で部屋の収納は押し入れのみ…という条件の中、収納システムの構築や、暮らしのシンプル化に、頭を悩ませながら、しかしそれを楽しみながら生活している。10万部を突破した『もっと知りたい無印良品の収納』（小社刊）、『片付けたくなる部屋づくり』（ワニブックス）をはじめ、『暮らしのつくり方』（宝島社）、『家事がしやすい部屋づくり』（マイナビ）、『モノは好き、でも身軽に生きたい。』（大和書房）など著書多数。「無印良品」店舗でのトークイベントやリーフレットへの寄稿、モデルハウスの収納監修に携わるなど、さらに活躍の場を広げている。

「本多さおり official web site」http://hondasaori.com/
ブログ「片付けたくなる部屋づくり」http://chipucafe.exblog.jp/